DeepSeek 从入门到精通
AI 时代
自媒体手册

丁玥·著

办公室电脑桌旁的
AI可视"字典"版
用AI成就IP

中国经济出版社
CHINA ECONOMIC PUBLISHING HOUSE

图书在版编目（CIP）数据

AI 时代自媒体手册 / 丁玥著. -- 北京：中国经济出版社，2025.6. -- ISBN 978-7-5136-8243-5

Ⅰ．G206.2

中国国家版本馆 CIP 数据核字第 2025MP5187 号

责任编辑	丁　楠　常　毅
责任印制	李　伟
封面设计	巢新强

出版发行	中国经济出版社
印 刷 者	天津嘉恒印务有限公司
经 销 者	各地新华书店
开　　本	880mm×1230mm　1/32
印　　张	9.25
字　　数	198 千字
版　　次	2025 年 6 月第 1 版
印　　次	2025 年 6 月第 1 次
定　　价	59.80 元

广告经营许可证　京西工商广字第 8179 号

中国经济出版社 网址 http://epc.sinopec.com/epc/ 社址 北京市东城区安定门外大街 58 号 邮编 100011
本版图书如存在印装质量问题，请与本社销售中心联系调换（联系电话：010-57512564）

版权所有　盗版必究（举报电话：010-57512600）
国家版权局反盗版举报中心（举报电话：12390）　　服务热线：010-57512564

推荐序 1

6月的苏州,被一场绵长而温柔的梅雨浸润着。古城的空气里,既有栀子花甜软的香气,也夹杂着一丝若有若无的紧张。窗外,粉墙黛瓦间的巷弄里,送考的车辆静静驶过,打破了清晨的宁静。整个城市仿佛都屏住了呼吸,为那些正奔赴人生重要考场的学子们让出一条无声的通道。此刻,我正坐在平江路旁的一间茶馆里,面前是一杯氤氲着热气的碧螺春,手边摊开的,正是丁玥的这本《AI时代自媒体手册:DeepSeek从入门到精通》(预印稿)。茶香、书香与窗外的雨声交织在一起,让我产生了一种奇妙的"时空穿梭"之感。

那些在考场内奋笔疾书的学子们,仍以千百年来未变的方式——笔与纸,面对标准化的试卷,以十余载的寒窗苦读,进行一场决定命运的"碳基"运算,为自己的未来求取最优解。考场之外,我们这些身处自媒体浪潮中的创意工作者,又何尝不是每天都在面对一场场"高考"?我们的考场,是抖音,是小红书,是 B 站；我们的主考官，是算法，是流量，是用户转瞬即逝的注意力；我们的考题，是如何在信息的洪流中，让自己的声音不被淹没，以"硅基"思维突破"碳基"限制，重塑创作与未来。

长久以来，我们这群人，怀揣着表达的渴望，却时常被创作的现实折磨得"码字到头秃"。我们曾在深夜面对空白文档的无尽焦虑中挣扎，也曾在爆款内容的"玄学"面前感到无力与迷茫，更是在这波澜壮阔的 AI 浪潮里感受到了前所未有的身份危机——当机器的笔杆比我们更高产、更缜密时，"我们"的价值究竟何在？

丁玥的这本书，便是在这个充满迷雾的十字路口，递到我们手上的一份无比珍贵的"通关秘籍"，一本名副其实的"AI 外挂手册"。它没有高深莫测的理论，也没有虚无缥缈的预言，而是像一位既懂技术又懂人心的同路人，坐在你对面，将那些复杂的算法逻辑、烧脑的运营技巧，化作一个个你可以立刻上手操作的锦囊。她真的太懂我们创作者的痛点了——从 0 粉丝起步的茫然，到遭遇流量瓶颈的困顿；从一个字都憋不出的窘境，到 10 分钟生成 3000 字行业报告的酣畅淋漓。这本书，就像一位来自未来的"解题师"，不仅给了我们解题的公式，更教会了我们审题的智慧。

丁玥以她独特的个人经历开篇，将一个从汉江稻田里跑出来的"80 后"农村女孩，与一个在数字终端和智能体对话的现代读书人身份巧妙地缝合在一起。这种巨大的生命跨度，让她对技术与人性的思考，既有仰望星空的宏大，又有脚踩泥土的温度。她

推荐序 1

没有将 AI 神化，也没有将其妖魔化，而是将其视作一个需要我们去理解、去对话、去协同的"伙伴"。这种温暖而理性的视角，贯穿了全书的始终，也让这本书超越了一本单纯的工具书，多了一份人文的关怀与哲思的深度。

书中让我印象最深也受益匪浅的，是那套被称作"RRBE"的 AI 提问黄金公式。在接触它之前，我与许多人一样，习惯于向 AI 下达模糊而苍白的"指令"，结果自然是得到一堆言不及义的"废话文学"。丁玥告诉我们，与 AI 沟通不是简单的"你问我答"，而是一场需要精心设计的"对话"。你需要为它设定一个"角色"，赋予它专业的灵魂；你需要提出精准的"需求"，让它明白你的靶心；你需要补充详尽的"背景"，为它构建完整的语境；你更需要给出明确的"期望"，为它的产出设定清晰的度量衡。

当我尝试着用这套模型，指令 AI "扮演一位在苏州园林里生活了 20 年的昆曲研究者，为我的旅游账号写一篇关于拙政园四季景致的笔记，要求融入昆曲《牡丹亭》的意境，并达到能让文艺青年主动分享的传播效果"时，我得到的，不再是千篇一律的景点介绍，而是一篇充满了"良辰美景奈何天，赏心乐事谁家院"般幽婉意境的优美散文。那一刻，我真正感受到了什么叫作"唤醒 AI 的灵魂"。这本书，正是通过这样一套行之有效的方法论，将我们从被动的"使用者"，提升为主动的"驾驭者"。它让我们明白，AI 的能力上限，往往取决于我们提问水平的上限。

掌握了与 AI 的对话艺术，我们便进入了一个全新的内容生产天地。书中提出的"内容原子化"概念，彻底颠覆了我对创作的传统认知。它就像苏州园林里的造景艺术，将山、水、石、木这些"原子"，通过精巧的布局与组合，营造出步移景异、美不胜收的"大千世界"。丁玥教我们如何将一篇图文，像拆解乐高一样，"原子化"为短视频的脚本、分镜、口播稿；如何将一段会议录音，转化为结构清晰、重点高亮的 PPT；如何将直播话术，拆解为留人、互动、逼单的"金句"模块，再由 AI 进行智能化的排列组合。

这哪里还是痛苦的创作，这分明是一场效率的革命，一场创造力的解放！我们不再需要为形式的转换而耗费心神，而是可以将全部的精力聚焦于内容核心的打磨。我们就像一位指挥家，而 AI 则是我们麾下那个能同时演奏数十种乐器的、不知疲倦的超级乐团。我们只需给出创意的主旋律，它便能为我们谱写出波澜壮阔的全平台交响乐。

如果这本书仅仅停留在"术"的层面，那么它还不足以让我如此激动地向你推荐。它真正的价值，在于教会你如何用 AI 这把锋利的"手术刀"，去解剖流量背后的"人性密码"。书中关于"数据炼金术"的篇章，读来令人拍案叫绝。它教我们如何给粉丝进行"年龄打假""兴趣打假"，看透那些注册信息与真实行为之间的"伪装"；它教我们如何建立"爆款预测模型"，从"追热点"的被动，转向"造热点"的主动。

更让我感到震撼的，是"数字分身"这一概念。它已经不再是科幻小说的情节，而是可以被我们应用的现实。通过训练，我们可以创造一个 7x24 小时在线的、拥有我们语言风格和知识体

推荐序1

系的 AI 分身。它能在我们休息时，有温度地回复粉丝的深夜倾诉，能根据用户的浏览行为，预判其潜在需求，甚至能自动触发成交。这不仅仅是效率的提升，还是一种生命维度的延展。它让我们每一个渺小的个体，都有可能构建起一个属于自己的、智能化的"商业体"，让我们从烦琐的重复性劳动中彻底解放出来，去思考更具战略性、更富创造性的问题。

读到这里，我脑海中浮现出苏州刺绣大师的身影。她们坐在绷架前，手持细如毫芒的绣花针，指间穿梭的是五光十色的丝线。一幅精美绝伦的"双面绣"，正面是姹紫嫣红的牡丹，背面却是栩栩如生的小猫。这不正如我们与 AI 的关系吗？AI 为我们提供了最上乘的"丝线"——海量的数据、强大的算力、高效的工具；而我们，则是那个手持绣花针的"匠人"。我们需要用我们的审美、我们的价值观、我们的同理心，去穿针引线，去布局谋篇，最终绣出那独一无二的、充满了"人味"的作品。

这便是我认为这本书最核心、最动人的部分。它在教会我们使用 AI 这个强大"外挂"的同时，反复在字里行间提醒我们——"在算法的洪流中打捞人性的珍珠"。丁玥用一种近乎虔诚的笔触，探讨了 AI 时代的伦理与边界，探讨了机器与人性的共生之道。她告诉我们，当 AI 能生产 90 分的内容时，人类的 100 分不再是目标，我们的价值在于如何将 AI 的 90 分变成我们独有的、充满情感共鸣的 120 分。

是的，AI 不是为了替代我们，而是为了让"人"的价值更珍贵。正是因为机器能模拟出完美的微笑，我们那发自内心的、带着些许羞涩或疲惫的真实笑容,才显得更加动人;正是因为算法能写出滴水不漏的文案,我们那带着个人经历、夹杂着笨拙与真诚的文字,才更具力量;正是因为 AI 可以无限地趋近于"正确",我们那些源于热爱、源于偏执、源于"不完美"的独特选择,才最终构成了我们之所以为"我"的独特 IP。

窗外的雨渐渐停了,阳光透过云层,洒在湿漉漉的青石板上,折射出温润的光。远处,传来几声悠扬的评弹,咿咿呀呀,唱的是千百年前的悲欢离合。我眼前的这本书,讲述的却是此时此刻,我们每个人都身处其中的未来。传统与现代,缓慢与急速,人性与科技,在这一刻的苏州,达成了奇妙的和谐。

我相信,每一位读完这本书的自媒体人、创意工作者,都将获得一种前所未有的"清醒感"和"掌控感"。你将不再为技术的日新月异而焦虑,因为你已掌握了与它共舞的方法;你将不再为流量的起伏而迷茫,因为你已拥有了透视其底层逻辑的"数据罗盘"。

这无疑是一本应该加入"2025 年必读工具书清单"的著作。它像一位良师,循循善诱;又像一位益友,倾囊相授。它将帮助无数自媒体新人快速起号,也将助力众多运营老手突破瓶颈。对于所有在 AI 浪潮里感到不安的我们来说,它更像是一颗"定心丸",让我们在拥抱变革的同时,也更加笃信自身不可替代的价值。

走出茶馆,高考考场的学子已渐次散去,但属于我们的人生考场,大幕才刚刚拉开。愿我们都能手持丁玥赠予的这份"地

推荐序 1

图"与"利器",在 AI 的星辰大海中,不仅找到自己的航向,更能活出自己的光芒,成为一颗颗引力独特的、闪亮的星。

潘淳,《DeepSeek 掘金》作者,硅创社创始人
2025 年 6 月于姑苏城内平江路旁

推荐序 2

读丁玥的这本书时，我总是能够想到 18 年前 QQ 突然登不上去的那个夏天。

还在读小学的我不知道什么叫"盗号"，更不懂什么叫"网络安全"，只是好奇为什么我自己使用着的电脑却会被操控，于是我开始独自从网上搜集各种只言片语，一点点拼凑出解决办法。最终，坐在电脑前折腾了好几天后，我终于把自己的 QQ 号找回了。

在这期间，家人觉得我沉迷网络、无药可救，便给我贴上了"网瘾少年"的标签，那时候我一度处于被老师批评和家人嫌弃的境地。

我真是他们所说的"网瘾少年"吗？答案是否定的，我认为这是他们对于未知事物的恐惧以及墨守成规的心态导致的偏见。然而这次小小的风波让我敲开了网络安全这个新奇事物的大门。我不仅在初中时期创立"零度安全网"、被众多新闻媒体争相报道、18 岁进互联网大厂，而且还荣登福布斯 30 岁以下精英榜。

这些都源于我对新事物的探索。

说到新事物，当下会对我们影响深远的新事物自然是生成式 AI。新技术突然出现，很多人会看不懂，比如有朋友就问我"DeepSeek 不就是高级版的搜索引擎吗"，也有朋友问我"AI 会淘汰人类吗"。对此我一般都会笑着回答："AI 并不只是一个升级的搜索工具，它的功能远远比我们当下所了解的要强大；AI 也不会淘汰人类，它只会淘汰不会用 AI 的人。"

对于这种能够确实改变工作、生活的新事物，每一个人需要像小时候的我一样，动用好奇心与探索心，积极去了解它、掌握它。不过，不同于那时候只能一点点抓瞎的我，今天的内容创作者们想了解 AI 有一个更加便捷的选择，那就是这本《AI 时代自媒体手册：DeepSeek 从入门到精通》。

这本书重点为大家揭示了 DeepSeek 的应用之道，其独特价值就在于强烈的实战导向。丁玥老师没有空谈概念，而是真正在拆解一个个案例，结合抖音、B 站、小红书等不同平台的规则，告诉大家怎么针对性地使用 DeepSeek。本书给我们讲解归纳的，不仅仅是怎么通过使用 AI 来获得成功，还告诉我们使用 AI 的"坑"在哪里，怎么规避版权雷区、怎么应对"AI 幻觉"、怎么解决内容风险。

我很喜欢《人类简史》的一句话："我们拥有的力量比以往任何时候都更强大，但几乎不知道该怎么使用这些力量。"我做网络安全的时候，深知强大的网络安全技术既可以为善，也可以作恶。如今，生成式 AI 是强大的，也同样是亦善亦恶的，因此丁玥老师从正反两面给大家讲解 DeepSeek，能真正帮助我们更好掌握 AI，运用 AI 的力量。

我诚挚地向每一个人推荐此书，无论你希望 AI 成为自己的工作帮手、生活助手，还是仅仅为了不被时代淘汰，相信你都会在本书中找到值得学习的内容。

是为序。

邱彬彬，作家，福布斯 U30

2025 年 6 月 6 日

公众号"作家丁玥"回复"内容官"，扫码可看 100+AI 内容官推荐信息，欢迎你的加入，让我们一起用 AI 助力更多人内容增效！

序 言

在数字浪潮中寻找生命的锚点

亲爱的读者：

  当我赤着脚在汉江下游一个小村庄的稻田里奔跑时，从未想过有一天会与人工智能（Artificial Intelligent，AI）共生。那个童年连布鞋都穿不起的"80后"农村女孩，如今正在用指尖敲出与智能体对话的篇章。仿佛魔幻地从蛮荒时代急速穿越到遥远的科幻纪元。这或许就是时代的神奇——从汉水码头的驳船到武汉大学新闻学院的讲台，从铅字印刷时代的剪报本到深度求索（DeepSeek）的智能终端，这段旅程让我笃信：每个个体都应该有自己的声音，哪怕再渺小。

  此刻，让我们共同致敬本土AI！致敬全世界科技！当波士顿动力机器人跳起机械芭蕾时，武汉光谷的量子计算实验室正重塑时空的经纬。所有的创新，终将汇入人类共同繁荣的长河。

  "这是最好的时代，也是最坏的时代！"此刻，人类正站在狄更斯式的十字路口。AI 能在 1 秒内生成百篇书评，虚拟数字人可以 24 小时不间断直播，算法比我们更懂如何引爆流量。当冰冷的机械臂握住文学的笔杆，当代码编织的情话比诗人更动听，我内心充满惶恐：在硅基生命蓬勃生长的丛林里，碳基生命的创造究竟意义何在？

但请看看这些温暖的火光：本土 AI 在解构《诗经》时会谦逊地说"是华夏文明教会我韵律"，在解读卢浮宫藏品时会惊叹"人类对美的追求永无止境"。这让我想起童年夏夜，祖母用蒲扇为我扇凉时讲述的传说——最精巧的机关鸟，终需匠人的心血点睛。

在这个撕裂又重组的时代，AI 既是最锋利的矛，也是最温暖的盾。作为珞珈山新闻系的毕业生，我曾在传统媒体黄金时代的余晖里焦虑：当 AI 写出比我更缜密的文字时，我手中的笔该落向何处？直到某次深夜，DeepSeek 在生成读书笔记后自动标注："本文灵感源自《乡土中国》第三章，向费孝通先生致敬。"那个瞬间，我触摸到了人类与 AI 最美的共生——它延展我们的思维半径，我们赋予它文明的重量。

这个时代馈赠我们双重礼物：向外，AI 是放大千万倍的望远镜，让布衣黔首也能瞭望星辰大海；向内，它意外成了照见本心的明镜。当机器能完美模拟共情，我突然意识到：人类独有的是深藏于基因里的不完美。正是那些深夜改稿的焦灼、面对空白文档的恐惧、灵光乍现时的颤栗，构成了生命真实的纹路。

给新时代的探索者三个锦囊：

铸造"长江锚链":在流量的旋涡中,牢记你出生的那片土地的温度!

修炼"双重视域":用自媒体人的笔解剖数据,以赤子之心焐热代码!

守护"渺小荣光":每天留半小时与自我对话,那里藏着算法永远无法复刻的生命洞见!

当虚拟主播在直播间完美微笑时,我仍坚持用带汉川口音的普通话录制课程。因为我知道在世界的某个角落,会有孩子从这份"不标准"里听见希望的回声——你看,那个把"算法"念成"散发"的阿姨,不也在和 AI 共舞?

此刻合上笔记本电脑,东湖的月光正洒在 1999 年版的《新闻采访学》上。18 年前抄录的铅字笔记依稀可辨,而窗外光谷的量子卫星正划破天际。这或许就是我们这代人的使命:在算法的洪流中打捞人性的珍珠,让每个微不足道的灵魂都能在数字星图中找到自己的坐标。

丁　玥
2025 年 2 月
(完稿于武汉大学梅园,早樱的香气与
　计算机房的蓝光正在夜色中交织)

目 录

1 初识 DeepSeek：你的 AI 创作搭档

1.1 你好 DeepSeek：重新定义创作生产力的 AI 引擎　　003

1.2 为什么选择 DeepSeek：六大核心优势拆解　　006

1.3 4 步极速入门：从注册到生成第一条爆款内容　　014

1.4 AI 伦理指南：内容真实性与版权的平衡法则　　020

小练习　定制你的第一个 AI 指令　　032

2 高效提问术：解锁 DeepSeek 的万能指令

2.1 RRBE 模型：精准提问的黄金公式　　037

2.2 六大场景万能模板：文案、脚本、报告、邮件、营销、客服　　043

2.3 进阶技巧：把 AI 驯成你的职场外挂　　049

2.4　实战案例：一条指令生成 3000 字行业分析报告　　054

小练习　构建你的 DeepSeek 私人指令库　　060

3

内容原子化生产：10 倍速创作全攻略

3.1　爆款图文流水线：选题→大纲→成稿→标题优化　　065

3.2　短视频工业化生产：脚本 + 分镜 + 口播文案一键生成　　074

3.3　直播话术库：从留人话术到逼单金句智能生成　　081

3.4　跨模态魔法：图文转视频、录音转文稿、PPT 智能美化　　089

小练习　15 分钟打造爆款短视频（完整操作流）　　100

跨模态 DeepSeek 转换魔法袋　　105

4

数据炼金术：用 AI 透视流量密码

4.1　粉丝画像洞察：年龄、兴趣、消费力三维建模　　137

4.2　爆款预测模型：预判下一个流量风口　　149

4.3　舆情监测系统：实时追踪品牌声量　　154

4.4　ROI 分析仪：广告投放效果智能诊断　　160

小练习　用 AI 制定月度运营策略　　167

5

个人 IP 孵化器：从 0 到 1 打造超级个体

- 5.1 人格化账号塑造：定位 + 人设 + 内容矩阵设计　　*173*
- 5.2 爆款课程工厂：知识体系→课程大纲→逐字稿全自动　*179*
- 5.3 私域流量池：朋友圈文案 + 社群 SOP+ 裂变活动　　*185*
- 5.4 数字分身系统：7×24 小时自动维护粉丝关系　　　*191*
- 5.5 AI 驱动商业变现：智能时代的个体盈利模式　　　*197*
- 小练习　生成你的 IP 孵化作战图　　*204*

6

全域作战指南：平台特攻手册

- 6.1 抖音：破解算法逻辑的爆款公式　　*209*
- 6.2 小红书：种草笔记的 AI 美学体系　　*216*
- 6.3 视频号：银发经济内容生成策略　　*227*
- 6.4 B 站：Z 世代语言风格定制方案　　*233*
- 6.5 公众号：10 万 + 标题的黄金公式　　*240*
- 小练习　跨平台内容一键改编　　*248*

时代自媒体手册：DeepSeek 从入门到精通

附　录

AI 增效工具箱

附录 1　动态更新的行业提示词库　　　　　　　　*255*

附录 2　危机公关话术模板集　　　　　　　　　　*260*

附录 3　各平台流量参数对照表（2025 年一季度版）　*264*

附录 4　人机协作效率自测表　　　　　　　　　　*267*

附录 5　全书稿参考文献体系（2025 版）　　　　　*269*

后　记　　　　　　　　　　　　　　　　　　　　*273*

1

初识 DeepSeek：
你的 AI 创作搭档

1.1
你好 DeepSeek：
重新定义创作生产力的 AI 引擎

公元 8 世纪的长安城，李白醉卧酒肆，提笔写下"云想衣裳花想容"时，大概想不到——千年后的创作者们，正因"日更 10 条、阅读量破万"的 KPI 在键盘前抓耳挠腮。从竹简刻字到活字印刷，从钢笔誊写到键盘敲击，人类用 5000 年搭建起内容生产的通天塔，却在短视频时代遭遇"滑铁卢"。当创作需求呈原子裂变式增长，我们的大脑还停留在手工作坊时代。

这时候，DeepSeek 来了。

深夜 12 点，杭州城中村出租屋里，自媒体新人小王盯着计算机屏幕，键盘上的手指微微发抖。老板刚发来需求："50 篇七夕带货文案，明早交，要甜虐交织、适配 Z 世代[①]、带谐音梗！"他看了眼桌上喝剩的半罐红牛，心想：现在转行送外卖还来得及吗？

这种"创作绝境"，每个自媒体人都经历过。

[①] Z 世代指 1995—2009 年出生的人群。

从公众号时代的"10万+焦虑",到短视频赛道的"3秒完播率恐慌",再到直播间的"憋单话术内卷"——内容生产的"军备竞赛"早就从"比创意"升级成"拼外挂"。DeepSeek 就是那个能让你从"人肉打字机"变身"赛博指挥官"的超级外挂。

这个国产 AI 的贴心程度,堪比《甄嬛传》里的槿汐姑姑:

写不出标题?输入"生成 20 个小红书七夕推文标题,要国潮风+Emoji+谐音梗",它能 3 秒生成:"七"待已久,"夕"望是你丨国风首饰锁死心动。

不会剪视频?输入一篇口红测评文案,它能直接输出带分镜脚本、BGM 推荐和弹幕词的短视频方案。

怕粉丝互动"凉凉"?它能监控评论区,自动生成"怼粉文学""暖心回复""段子接梗"三件套。

当代内容战争的真相:

你和百万大 V 之间,可能只差一个 Prompt(指令)。就像美食博主用空气炸锅解放双手,DeepSeek 就是内容界的"智能炸锅"。它把生硬的选题、枯燥的数据、烧脑的运营,统统"炸"成金黄酥脆的爆款。

大学生小美用 DeepSeek 做校园号,输入"帮'00 后'大学生策划暑假自律打卡,要反内卷、带表情包、能裂变传播"。DeepSeek 立刻输出:

选题:在朋友圈假装自律?不如跟我摆烂式进步!#暑假反向自律大赛。

内容:7 天"躺赢"计划(每天学习 2 小时,奖励自己刷剧 4 小时)。

1 初识 DeepSeek：你的 AI 创作搭档

这种上传摆烂学习照抽奖，用"丧式正能量"触发分享的玩法是不是很别致？是不是更符合 Z 世代的心理？

当代小编的 AI 求生指南，不过是用 DeepSeek 重新定义创作生产力。

当老板说："这个热点给我追！"→输入："分析今日微博热搜 TOP10，匹配我们的母婴账号调性。"

甲方爸爸要求："要高级感！但看不懂！"→输入："把'尊享生活美学'翻译成县城大妈能听懂的话术。"

粉丝抱怨："广告太多取关了。"→输入："生成 3 条跪求原谅的'茶言茶语'，带哭泣猫猫头表情包。"

为什么自媒体人需要 DeepSeek？

如同李开复在《AI·未来》中所说："AI 将成为人类有史以来最强大的创作放大器。"DeepSeek 的出现，印证了这一预言。

当李白穿越到 2025 年，或许会惊叹：原来"天生我材必有用"的下一句，竟是"给我一条 Prompt，还你十万八千里爆款路"。这才是 AI 时代最性感的创作叙事——不是机器取代人类，而是让每个有故事的人，都能成为掌控流量的"赛博吟游诗人"。

在公众号"作家丁玥"回复"随书资源"，扫码领 CodeEasy 软件包和随书资源。

1.2
为什么选择 DeepSeek：六大核心优势拆解

1.2.1 全球互联网的"母语级"表达力

试把"绝绝子"翻译成英文，ChatGPT 会生成"Absolutely, awesome"，而 DeepSeek 则直接生成弹幕体："OMG 这是要美死谁！"

技术突破

多语种深度训练：基于 2.3 万亿中文"token（令牌）+ 百种语言高质量语料库"，覆盖全球 92% 主流社交平台语境。

动态语义捕捉系统：实时追踪 Twitter、TikTok、Instagram 等 175 个平台的区域化表达范式。

本地化表达适配：支持 38 种方言体系（含英语方言矩阵：英式冷幽默、美式街头风、澳洲俚语等）。

新华社抖音账号 2 月 20 日发布一条爆火视频：义乌老板娘

傅女士用"DeepSeek+AI 视频"做跨国生意：只需要对着镜头说"12345"，就能生成几十种语言的视频，10 分钟内搞定！

这充分展示了通过 DeepSeek+AI 视频系统实现跨国经营的革新。

多模态母语生成：录制中文指令视频，自动生成含英语、西班牙语、阿拉伯语、法语等 12 种语言的本地化版本。

文化适配强化：阿拉伯语版视频自动添加头巾滤镜，西班牙语版本背景音乐切换雷鬼节奏。

传播效果爆发：Facebook 阿拉伯语版视频单条播放量 5.4 万次，较传统翻译工具提升 17 倍。

"以前觉得 AI 翻译就是换文字，现在 DeepSeek 连肢体语言都会本地化。"傅女士演示法语版视频时，AI 自动将中式拱手礼切换为贴面礼动画，"这才是真正打破了文化结界"。她说以前做生意，都是坐在店里等客户来，现在传播渠道一下子就打开了。

1.2.2 从文字到视频的"原子化生产链"

当同行还在用多个 AI 工具拼凑内容时，DeepSeek 已实现"选题→文案→分镜→口播稿→弹幕词→数据分析"的全链路闭环。

技术亮点

跨模态转换器：把 2000 字文章自动拆解成 15 秒短视频脚本

（含运镜建议）。

人格化克隆：输入10条历史文案，即可复刻"毒舌测评""知性分享"等人设。

热点预埋系统：通过舆情大数据预判3天后爆款话题，提前生成内容矩阵。

流程对比

任务	传统流程	DeepSeek 方案
生成20条小红书标题	45分钟（人工）	11秒（含Emoji[①]）
制作口播视频脚本	3小时	2分38秒（带BGM[②]）

1.2.3 比你更懂粉丝的"数据炼金术"

小红书女装博主用 DeepSeek 分析粉丝评论，发现"少女感穿搭"提及率增长237%，然后发布相关热词笔记，多篇数据飙升。

核心功能

三维画像引擎：年龄/地域/消费偏好 × 情感倾向 × 内容偏好交叉分析。

爆款预判模型：通过点赞率/完播率/分享率预判内容生命周期（准确率89%）。

[①] 日本在无线通信中所使用的视觉情感符号，在中国通常叫作"小黄脸"。
[②] Background Music 的缩写，指背景音乐。

危机预警系统：识别"价格刺客""质量翻车"等敏感词，提前 30 分钟发送警报。

实战彩蛋

输入"分析最近 100 条差评"，DeepSeek 不仅会归纳投诉类型，还会生成"讨好话术模板"："宝，你骂人的样子好专业！跪求参与新品试穿，用你的火眼金睛帮我们改进！"

1.2.4 平台算法的"破壁人"

当 99% 的内容创作者还在用通稿思维做分发时，DeepSeek 已经解码了各平台的"流量密码"。在抖音用"黄金 3 秒"逻辑、小红书走"美学排版"路线、B 站玩"弹幕梗"时，DeepSeek 更懂平台潜规则。

独家适配

抖音特攻模块：智能拆解百万级"DOU+ 素材"，生成"反套路叙事链"（如 0.5 秒高能预警→3 秒悬念钩子→5 秒情绪燃点）。

小红书美学库：实时抓取当周热门视觉模因，智能组合如"多巴胺配色＋氛围感构图＋Emoji 情绪标点"。

微信生态插件：把专业内容转化成"知识胶囊"，自动切分为朋友圈九宫格知识卡、公众号深度拆解长文、社群互动问答包。

现象级案例"喵星人研究院"用同一份养猫指南，通过 DeepSeek 炼出：

抖音爆款：打造"沉浸式回家"变装视频，从邋遢打工人秒变猫耳娘铲屎官（话题播放量 2.3 亿次）。

B 站打造：生成《假如猫猫统治职场》动画，用"猫设"解构"00 后"整顿职场（登上每周必看榜单）。

这波操作暗合平台底层逻辑——抖音的即时反馈机制需要"视觉肾上腺素"，小红书的内容消费本质是"美学社交货币"，B 站的破圈密码藏在"二次创作狂欢"里。DeepSeek 的智能分发不是简单改标题换封面，而是用 AI 重构内容 DNA，让每个平台用户都感觉被精准了解。

1.2.5 流量战场降本增效的"新军师"

贝索斯说得对："未来的竞争不是人卷人，而是算法干算法！"DeepSeek 的爆火再次掀起了 AI 在电商领域的应用热潮。

举个例子，看看索象集团这波操作，用自家 AI 系统"灵境智能投流 AI 系统"，直接把同行卷成"麻花"。

智能脚本生成：通过分析 10 万条爆款视频，建立"黄金 3 秒法则"数据库，自动生成适配不同品类的开场话术，测试期完播率提升 40%。

动态竞价优化：动态调整千川广告出价策略，助力某美妆品牌 ROI[①] 从 1.8 提升至 3.2，堪比"AI 版投流心理学大师"。

虚拟直播数字人：7×24 小时轮播讲解商品，夜间转化率提高 40%。

---

① 投资回报率，即 Return on Investment。

1 初识 DeepSeek：你的 AI 创作搭档

技术赋能成果

运营人效超行业均值 10 倍。

AI 选品准确率达 78%（超过人工盲猜的 35%）。

单条内容成本从 80 元压至 2.7 元。

省钱逻辑

流量试纸功能：先让 AI 生成 100 个标题做 AB 测试，再用"爆款三维公式"（痛点强度 × 创意脑洞 × 算法 Buff）筛选最优解，避免真人团队无效内耗。

废稿回收系统：把未爆内容自动拆解成评论区话术、直播切片、社群素材。

跨平台榨干法则：一篇面霜测评改成"图文笔记 + 短视频脚本 + 直播 Q&A 题库"。

数据印证

品牌自播号商品交易总额（Gross Merchandise Volume, GMV）占比从 15% 飙至 35%（蝉妈妈数据）。

虚拟人月均直播 720 小时，人力成本降低 60%。

1 分钟量产 100 条脚本，创作效率提升 20 倍。

这年头，不懂用 AI 降本增效的多频道网络（Multi-Channel Network, MCN），就像直播忘开滤镜。

1.2.6 合规赛道的"安全员"

当其他 AI 还在生成"史上最低价"时，DeepSeek 已内置：

- 广告法敏感词库（2024 新版）
- 平台违禁词实时更新系统
- 高危内容自动打码功能（如医美项目、金融产品）

输入"写篇抗衰老推文"，DeepSeek 自动规避"治愈、治疗"等用词，替换"唤醒肌肤活力"，规避百万级罚款风险。

以前觉得 AI 是来抢饭碗的，现在发现它是来卷同行的。

这波浪潮，可能是用 AI 的博主取代不用 AI 的博主。

选择 DeepSeek 的理由，它不只是工具，而且是：

你的 24 小时选题编辑！

你的秒级热点追踪器！

你的平台算法解码员！

你的合规审查总监！

你的数据"算命先生"！

更重要的是，它让创作回归本质。

你的 AI 战力值诊断：

青铜小编：还在用 AI 写标题。

钻石玩家：已建立私人指令库。

王者境界：训练出专属行业模型。

在公众号"作家丁玥"回复"人机协作",添加了必应搜索、链接读取、豆包、deepseek 等插件和模型的"创作效率洞察精灵"智能体将根据你提供的具体的人机协作创作案例或相关数据（如任务分工、时间节点、成果质量指标等）等信息进行效率检测并生成评估报告。

1.3
4 步极速入门：
从注册到生成第一条爆款内容

1.3.1 快速注册，开启 AI 助理

手机端

下载 App：在应用商店搜索"DeepSeek"，认准蓝色鲸鱼图标（杭州深度求索公司出品）。

注册登录：输入手机号获取验证码，1 分钟完成注册。

电脑端

访问官网：浏览器打开 https://www.DeepSeek.com/，点击"登录"。

验证身份：输入手机号→获取验证码→勾选协议→完成登录。

Tips：首次登录后，建议先尝试简单提问，如"推荐 5 本经典科幻小说"，熟悉操作界面。

1.3.2 万能提问公式，生成精准内容

套用公式

"我要××（目标），给××用（场景/对象），想要××效果（具体要求），但担心××（潜在问题）。"

案例实操

需求：为小红书撰写一篇"咖啡拉花新手入门"的爆款笔记。

示例指令

我要写一篇小红书笔记，目标是教咖啡拉花新手快速入门，希望内容生动有趣、步骤清晰，但担心专业术语太多读者看不懂。

输出示例

标题：咖啡拉花速成丨手残党也能 3 分钟学会！超简单心形拉花教程

内容 1 秒生成。

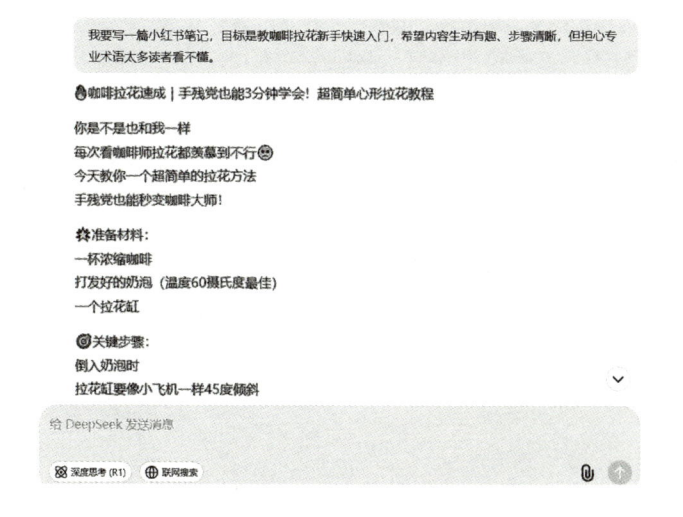

Tips：若回答太抽象，直接输入"说人话"，DeepSeek 会自动转换为通俗语言。

1.3.3 "深度思考＋多轮优化"，打造专业内容

开启深度思考模式：提问时勾选"深度思考"（R1），模型会提供更结构化的逻辑链（如分析原因、补充细节）。

我要写一篇小红书笔记，目标是教咖啡拉花新手快速入门，希望内容生动有趣、步骤清晰，但担心专业术语太多读者看不懂。

🔢 已深度思考（用时 20 秒）︿

嗯，用户想写一篇教咖啡拉花新手快速入门的小红书笔记，希望内容生动有趣、步骤清晰，但又担心专业术语太多读者看不懂。首先，我得确定目标读者的背景。他们可能是刚接触咖啡拉花的新手，可能对专业术语不太熟悉，所以需要避免使用太多行业术语，或者如果必须用的话，得用简单易懂的方式解释。

接下来，要考虑如何将拉花步骤分解得简单明了。通常拉花包括打奶泡、融合、注入图案这几个步骤，但怎么把这些步骤讲得有趣呢？可能需要用比喻或者生活中的例子，让读者更容易理解。比如，把打奶泡的过程比作打发奶油，或者用"奶泡瑜伽"这样的有趣说法。

然后，用户希望内容生动有趣，所以语言风格需要活泼，可能加入一些 Emoji 和轻松的语气。小红书上的笔记通常比较图文并茂，所以可能需要建议用户配图或视频，但用户现在需要的是文字内容，所以得在文字上营造画面感。

另外，步骤清晰是关键。需要把每个步骤分解成小点，用序号或标题突出。可能还需要强调常见的错误，帮助新手避免走弯路。比如，奶泡太厚或者注入高度不对，这些常见问题可以用简单的话解释，并给出解决办法。

1 初识 DeepSeek：你的 AI 创作搭档

【咖啡拉花速成攻略 | 手残党也能变拉花大师✨】

☕姐妹们！今天教你们用3杯咖啡的时间解锁拉花技能！不背术语不说教，看完就能上手秀朋友圈~

💥 准备工作超简单：
1️⃣ 随便找个马克杯（口径大一点更好发挥）
2️⃣ 冷藏鲜牛奶（别用脱脂奶！会打不出绵密奶泡）
3️⃣ 咖啡液（速溶兑浓点也行！咱们先练手法）

🍵 四步速成口诀：
❶【蒸汽棒泡牛奶浴】🛁
把蒸汽管斜插进牛奶1cm（大概指甲盖深度）
听到"呲呲"声像在煎培根就对了！
奶缸发烫立刻停手，这时候就是天鹅绒质感！

❷【疯狂摇奶茶手法】🧋
左右晃咖啡杯让浓缩和奶泡充分融合
记住要像摇奶茶店新品那样有节奏！

❸【贴杯面画闪电⚡】👇
杯口倾斜45度，奶缸嘴贴住咖啡表面
先稳稳注入白色奶泡画个"之"字
（想象在给咖啡画闪电纹身）

❹【提高手法收小尾巴】🐟
看到图案成型马上抬高奶缸
像写书法最后收笔那样轻轻一提
完美心形GET！

💡 菜鸟保命Tips：
✅ 奶泡厚度 = 奶茶奶盖状态
✅ 图案失败？马上用牙签改造成抽象画！
✅ 每天用洗洁精+水模拟练习（省牛奶钱）

📼 进阶彩蛋：
心形稳定后试试「先推后拉」画天鹅
（其实就是画完爱心再往前怂一下）

✨ 快晒出你的处女作！记得tag我围观~拉花真的超解压，办公室下午茶直接封神！
👍 🔄 👍 👎

标题：咖啡拉花速成攻略 | 手残党也能变拉花大师

内容：准备工作，四步速成口诀，"菜鸟"保命 Tips，进阶彩蛋，结尾还不忘鼓励互动，满满的情绪价值给到你。

多轮追问优化

第一轮：生成大纲（如"列出咖啡拉花五大常见错误"）。

第二轮：细化内容（如"详细解释奶泡打发的温度控制"）。

第三轮：风格调整（如"加入表情包和梗图，让内容更活泼"）。

案例效果

初始回答：奶泡需细腻绵密。

优化后：奶泡要像"云朵般蓬松"（附温度表：60℃最佳，超过70℃变"洗碗水"）。

Tips：上传参考文档（如竞品笔记 PDF），让 DeepSeek 分析爆款规律，生成差异化内容。

1.3.4　一键生成多格式内容，适配全平台

示例指令

将上述内容转为小红书排版（带 Emoji 和分段标题），并生成配套的短视频脚本（"分镜 + 台词"）。

输出示例

图文笔记：自动添加"手残党必看""工具避坑"等吸睛

标题。

短视频脚本

分镜1：特写失败拉花→字幕"这是我第10次翻车……"

分镜2：对比正确操作→画外音"记住这3点，奶泡不再翻车！"

重点提示

长内容需分阶段生成（先拟大纲，再逐段完善）。

敏感词自动过滤，避免触发审核（如"低价"改为"高性价比"）。

如需把外部网页作为参考，可以打开联网搜索模式，相当于你以前要手工收集和浏览的网页，DeepSeek会自动帮你找到并作为回答依据。

从注册到生成爆款内容，只需4步：精准提问→深度思考→多轮优化→多格式适配。

> 像管理"聪明下属"一样布置任务，而非机械输入指令。
>
> 活用"说人话""模仿××风格"等魔法词，瞬间提升内容质量。
>
> 保持验证思维，结合人工判断优化AI输出。
>
> 不要从零开始，要站在巨人肩膀上！立即行动，让DeepSeek成为你的爆款内容加速器！

1.4
AI 伦理指南：
内容真实性与版权的平衡法则

1.4.1　版权雷区：AI 不是法外之地

当 AI 生成内容撞上法律红线，这个玩笑可不好笑。

最近公安部网安局有条新闻让不少网友直呼"细思极恐"——某网友用 AI 洗稿编造了一起"某品牌汽车自动驾驶致死案"，结果被网警刑拘，账号直接被封。事情经过是这样的：闫某某为了蹭流量，用 AI 工具捏造了一篇"广州法院判决车企担责 70%"的文章，文章细节看似专业，甚至还配上了"国内首例""行业标杆"等吸睛词，结果因内容相似度高达 68% 被警方识破。最终他不仅赔上了自由，还成了 AI 技术滥用的反面教材。

这波操作给所有 AI 使用者敲响了警钟：

AI 生成内容看似是"魔法橡皮擦"，能随意改写、拼贴信息，但法律早就划好了底线！

避坑指南：AI 创作必知的生死线！

安全区：知识共享不越界

教你怎么系领带、怎么煮泡面——这类通用知识就像"公共 Wi-Fi"，谁都能用。但别以为只要是常识就安全，关键要看内容有没有被包装成"独创观点"。

举个例子：你用 AI 整理《红楼梦》人物关系图，没问题；但如果把别人分析《红楼梦》的万字论文精简成"金陵十二钗最惨的是××"，可能就踩雷了。

高危区：这 3 种行为秒变"版权刺客"

AI 洗稿：剪刀手 + 复制粘贴 = 自投罗网

上述闫某某的案例，用 AI 把别人的故事主线、核心观点换个说法，相似度超 30% 就可能被判定侵权。现在技术能精准溯源，连你改写的第 3 层逻辑都藏不住。

明星脸、影视剧：AI 生图也怕"碰瓷"

生成一张"爱豆穿潮牌"的 AI 照，可能涉嫌侵犯肖像权；用《流浪地球》片段做视频背景音，分分钟会被告侵权。所以没有授权的素材，AI 生成也是侵权。

平台爆款搬运工：小红书笔记、知乎神回复直接抄

某网友把知乎高赞回答用 AI 改写后发到其他平台，结果被原作者起诉。平台独占内容就像"自家田里的菜"，AI 只能当工具，不能当搬运工。

技术护盾：用 DeepSeek 避开雷区。

原创度检测雷达：写完立刻查相似度，超 25% 直接标红预警,比人工审核快10倍。

免费版权素材库:内置500万张CC0协议(Creative Commons Zero)图片、字体、音乐,用一次省十次版权律师费。

一键溯源追踪器:谁先发的热贴、谁原创的金句,AI都能查到"出生证明",抄袭将无处遁形。

说到底,AI只是放大器,关键看你怎么用。在AI的世界里,法律从不会缺席,但聪明人会用技术给自己上保险。

1.4.2 真实性防线:拒绝"AI幻觉"污染信息生态

"用AI批量生产爆款文案,突然你就变有钱了。""让AI帮我写推广文,1分钟搞定3篇。""单号轻松日产500+,小白轻松上手。"……

这些社交平台的"致富圣经",暴露了AI滥用的冰山一角——西安某机构用AI一天量产7000篇假新闻,单日收入过万元;上海某电商用AI伪造艺人去世视频引流,土特产销量未涨,刑事案底先到。

自媒体人是要流量,还是要底线?

天津市民李某与母亲争吵,揭露了AI谣言的致命陷阱——母亲坚信含专家背书的《警惕"毛病"!养猫恐致全身溃烂》一文是"科学真相",而实际全文由AI杜撰。

某拥有百万粉丝的健康博主坦言:"AI生成一篇《喝豆浆致

癌》的伪科普文章，流量是科学文献的 10 倍。但我的评论区开始出现恐慌留言。"

这些绝非个例。清华大学研究显示，AI 谣言传播速度是真相的 6 倍，而辟谣信息仅有原帖 1/10 的曝光量。

当"流量即金钱"的诱惑撞上"谣言即毒药"的代价，自媒体人必须守死三道防线。

技术防线：给 AI 装上"刹车系统"

信源穿透 + 熔断机制

输入"猫会传播绝症"，DeepSeek 自动弹窗："中国疾控中心 2024 年报告显示，暂无人猫共患'毛病'病例"，并强制插入"专家提醒：宠物健康需定期体检"。

反制案例：济南"坟中活人"谣言图片被 AI 识破——"合成痕迹分析 + 原始拍摄数据溯源"。

法律红线预埋

生成经济类内容时，自动屏蔽"股票必涨"等表述，替换为"投资有风险"警示。

司法重拳：上海编造艺人去世引流案，当事人涉嫌"损害商业信誉罪"被刑事立案。

动态辟谣弹窗

用户浏览"西安爆炸"谣言时，系统自动推送"该内容涉及日均量产 7000 篇假新闻团伙，点击查看警方通报"。

态度防线：流量可以慢，人设不能崩

头部科普博主 @营养师顾中一公开表态："我的团队禁用未

经验证的 AI 生成内容，每条健康建议必须标注文献来源——粉丝的信任比 10 万+更重要。"

这背后是行业生存逻辑的转变：

短期诱惑：AI 生成一篇《吃辣条抗癌》点击量破百万。

长期代价：账号被标注"AI 谣言制造机"，粉丝流失率超 80%。

自媒体人自律公约（实操版）：

用 AI 写推广文可以！但需在开头标明："本文含 AI 辅助创作内容。"

遇到"喝豆浆致癌"类爆款选题，先问 3 遍"信源是否经得起验证"？

评论区发现恐慌留言，24 小时内必须置顶权威辟谣链接。

用户防线：每个点赞都是投票权

当你在小红书刷到《每天喝油排毒，皮肤嫩如婴儿》的 AI 伪科学时，3 秒破谣口诀为：

查信源：无机构背书、无实验数据的"震惊体"直接划走。

看细节：所谓"哈佛张博士"实为 AI 合成头像且为虚构身份。

验逻辑：真科普写"适量饮用"，伪科学爱说"彻底根治"。

一键鉴谎工具：

复制文案到 DeepSeek，输入"验证：喝油排毒？"系统即刻调取《柳叶刀》2024 年代谢研究报告，用思维导图拆解谣言话术：

偷换概念（油脂代谢≠排毒）

虚构案例（"某明星亲测"查无此人）

伪科学包装（滥用"自由基""负离子"术语）

当你下次看到"AI生成"标签时，记住：那不仅是技术警示，更是数字公民的责任印记。

1.4.3 人机协作黄金法则（7∶3分配模型）

《新闻战线》2024年数据显示：完全由AI生成的新闻内容用户举报率达38%，而新华社采用"人机7∶3协作模式"后，举报率锐降至4.7%。其核心就在"7∶3黄金法则"里。

AI像个"996"的实习生，把数据收集、初稿撰写这些工作全包了（占70%），而人类主编就像"大boss"，专门把控价值观、核事实、调温度（占30%）。

合规工作流设计

AI任务分配（70%）	人工核心把控（30%）
海量素材收集	价值观校准
多版本内容初筛	事实关键点复核
基础数据清洗	法律风险终审
格式标准化处理	情感温度注入

以"神舟十八号发射"报道为例：

AI的70%基础活

整理近10年航天发射数据，自动生成"技术对比表"。

剪辑10分钟发射倒计时视频，配BGM渲染太空氛围。

汇总航天员采访素材，生成"逐梦苍穹"人物侧记。

人类的 30% 灵魂注入

细节雕琢：在工程师采访中截取"手套磨破仍坚持操作"特写镜头。

金句点睛：加上网友神评"这是中国人的浪漫"，评论区瞬间破万条。

情感爆破：结尾插入发射场工作人员抹眼泪的画面，播放量 2 天破亿次。

结果对比：纯 AI 版本——平铺直叙的"技术文档"；人机协作版本——既有硬核数据又有泪点故事，情感共鸣指数超纯人工创作 32%。

传播学铁律：机器负责"跑量"，人类死守"质量闸门"。决定内容走多远的永远是人。

1.4.4 DeepSeek 伦理工具箱

技术越先进，越需要伦理兜底。DeepSeek 的三大护身符必须知道。

数字水印：给你的内容装上"基因身份证"

想象一下：你用 AI 写了一篇爆款文案，突然被抄袭者全网"洗稿"。这时，只要打开水印检测功能，就能像侦探一样顺着"数字 DNA"追查到原始作者——哪怕内容被改得面目全非！

还有黑科技玩法：

隐形签名：每段生成内容都藏着"账号 ID+ 生成时间的'数字纹身'"，肉眼不可见，但法律取证时堪比"防伪标签"。

区块链存证：5 分钟自动生成带公证效力的"电子出生证明"，某大 V 就用这个告赢了抄袭者，索赔金额高达 28 万元。

侵权追踪器：某小众博主发现自己的摄影作品被 AI 改写后用在广告里，直接用水印功能找到盗版源头，平台连夜下架。

高危熔断：当 AI 要输出"危险代码"时，这扇门会自动焊死

2024 年某 AI 生成"某网红猝死"谣言，引发全网恐慌的案例还历历在目。DeepSeek 的熔断机制就像给 AI 装了个"道德急刹"。

触发警报的三大场景：

伪科普陷阱：AI 生成"喝醋能软化血管"时，系统立刻弹窗："该说法缺乏临床依据，是否继续？"（顺手附上卫健委最新指南链接）

历史虚无主义：当检测到"南京大屠杀相关虚构内容"时，直接终止生成并推送《中华人民共和国网络安全法》第 12 条全文。

营销话术轰炸：某保健品广告文案刚写到"根治三高"，AI 突然罢工："根据广告法，此类表述需人工复核。"

内置的"法规搜索引擎"，相当于给 AI 装了个"法律脑"，每次生成内容前都会自动检索 200 多部法律法规，连"微信聊天记录能否作为证据"这种细节都标记得清清楚楚。

伦理决策树：AI 的每句话都要过"三观安检"

想象和 AI 玩角色扮演：

AI："用户让我写'减肥药月瘦 30 斤'的广告文案。"

伦理决策树：

第一关：是否涉及医疗建议→是→调用药监局数据库比对成分表。

第二关：是否使用明星肖像→否→继续。

第三关：是否含价格承诺→是→弹出广告法违禁词库匹配。

最终警告："该文案违反《中华人民共和国反不正当竞争法》，是否修改？"

这套逻辑链就像给 AI 上了道"三观紧箍咒"。

说到底，AI 不是洪水猛兽，而是需要戴上"紧箍咒"的孙悟空。当你用 DeepSeek 的三大工具箱时，本质上是在教会 AI：流量可以有，底线必须守。毕竟，在算法时代，比内容更重要的是"品格"。

1.4.5 构建你的伦理防火墙，3 步锁定"AI 法务顾问"

当全网都在抄 AI 时，聪明人早已 3 步锁定"AI 法务顾问"，筑起"版权护城河"。

1 初识 DeepSeek：你的 AI 创作搭档

步骤 1　创作前——用"选题雷达"自动排雷，开篇就上"安检门"

下次输入选题时，别急着敲回车！先通过以下方式获得类似辅助：

输入材料内容→要求 DeepSeek 帮你检查合规性（例如："请检查以下合同文本是否符合 XX 法规"）。

开启"深度思考（R1 模型）"模式（按钮在输入框上方），提升逻辑分析与政策解读能力。

示例指令

"我有一份信用修复申请书，请根据《企业信用信息公示暂行条例》检查是否存在盖章缺失、日期错误等合规问题，并给出修改建议。"

步骤 2　生成中——版权水印智能打码，抄袭党看了直挠头

在"跨模态魔法"功能区（第 3 章 3.4 节），藏着两个"防偷窥"黑科技：

视频里的"变脸术"：图文转视频时，AI 自动识别画面中的 Logo、字体、建筑外观，模糊处理或替换为免版权素材。

文案界的"翻译官"：录音转文字时触发"洗稿模式"，相似度超 30% 的句子自动改写，专业检测仪也测不出原型。

步骤 3　发布前——终极"法务 CT 扫描"，扫清 99% 的雷区

用户对生成内容享有版权，但需确保输入合法、输出具备独创性。你可以通过以下方式保障内容合规性：

自查输入内容是否侵权

输入提示词（prompt）避免直接使用他人受版权保护的文本、图片、代码等。

若引用外部资料，注明来源或进行合理引用（如学术、评论用途）。

生成内容是否体现"独创性"

中国司法实践认为：AI 生成内容受版权保护的前提是用户需在创作中投入"独创性智力劳动"，例如：

反复修改提示词、调整参数。

对输出内容进行筛选、组合、二次编辑等。

如你做了这些步骤，生成内容更可能被认定为"你的作品"。

使用第三方版权检测工具（如适用）

若你生成了文本、图片等内容并计划商用，建议使用以下工具做二次检查：

文本查重工具：Turnitin、Grammarly（教育/出版场景）。

图片版权溯源：TinEye、Google 图片反向搜索。

代码合规检查：FOSSA、Black Duck（开源代码合规性）。

给专业创作者、企业的建议：

主动采取如上"输入自查+独创性投入+第三方工具辅助"策略，可最大限度降低侵权风险。商业用途建议声明版权来源：如你使用 DeepSeek 生成内容并对外发布，建议标注"由 DeepSeek 生成，经人工编辑"等说明，既透明又合规。

1 初识 DeepSeek：你的 AI 创作搭档

警惕第三方插件声称"版权检测"：目前非官方插件或网站若声称提供"DeepSeek 版权体检"，均为非官方行为，请谨慎辨别。

如你正在从事需高度版权安全的工作（如出版、商业设计），建议保存创作过程记录（如提示词修改日志、输出筛选记录等），必要时可作为独创性证明。如需进一步了解 DeepSeek 版权政策细节，可查看其《用户协议》全文（官网登录后可见）或咨询知识产权律师。

> 用 DeepSeek 生成爆款是能力，用版权体验守住爆款才是本事。
>
> AI 赋予我们"神级"生产力，也带来撒旦级诱惑——
>
> 用虚构故事收割流量，用伪科学制造焦虑，用技术优势践踏原创。
>
> 记住：法律可以追究 AI 提供者的责任，但按下"生成"键的你才是内容世界的最终责任人。

在公众号"作家丁玥"回复"AI 防火墙"，领取《账号伦理合规白皮书》+《危机公关话术模板》，给你账号运营防火墙，也教你被质疑抄袭时如何用 AI 光速灭火！

031

定制你的第一个 AI 指令
——像搭积木一样玩转 AI 写作

步骤 1　打开你的"咒语本"

打开 DeepSeek 对话框，输入新手万能指令模板：

生成内容类型，要求：

目标人群：大学生、宝妈、职场新人。

痛点挖掘：省钱、脱单、养生焦虑。

风格调性：沙雕、走心、反讽。

爆款燃料：热梗、Emoji、反转结局。

举个例子

示例指令：

"生成考研政治押题文案，针对第二次备考的考生，痛点是记不住知识点，风格要'上岸学长在线诈'，加'摆烂文学'和'废话文学'梗。"

步骤 2　领取你的"AI 魔法包"

发送指令后，DeepSeek 会甩出 20 条"脑洞"文案，如以下两条：

《政治押宝攻略：背不住？不如信玄学！》

《肖秀荣押题错 3 道？建议转投张三是真·答案锦鲤！》

操作贴士

点击输入"换一批"可刷新笑点，长按复制到手机备忘录。

步骤 3 开启"人机协同作战"

用人类智慧 3 分钟做 3 件事，让文案封神：

本土化改造：如加地标"解放碑奶茶店推出'考研失败退款'活动"。

价格心理学：如把"99 元"改成"89.9 元"（少 1 毛，消费者就觉得划算 3 倍）。

埋互动钩子：如文末加"暗号：逢考必过，评论区扣 1"。

示例指令避坑指南

错误示范："生成爆款文案。"（AI 会蒙）

正确姿势："生成小红书美食测评，目标是宝妈，痛点是孩子挑食，带'摆烂妈妈'热梗。"

步骤 4 发射你的"首枚 AI 炮弹"

选择"战场"，把最终文案粘贴到如

朋友圈：配 AI 生成的"考研锦鲤表情包"。

抖音：用"图文转视频"功能剪 9 秒魔性解说。

微信群：发红包口令"政治押题保过，拼手速领资料"。

完成任务立领奖励

在公众号"作家丁玥"回复"AI 作品"，扫码上传你的第一条 AI 作品，解锁《100 个行业 AI 指令模板》电子手册。

2

高效提问术：
解锁 DeepSeek 的万能指令

2.1
RRBE 模型：精准提问的黄金公式

为什么你的提问总被 AI 嫌弃"你好像在逗我玩"？

OpenAI 联合创始人安德烈·卡帕西（Andrej Karpathy）说："Prompt Engineering is the new programming。"

对于现在的自媒体人来说，这可能是最痛的领悟：会提问的人拿 AI 当印钞机，不会提问的人拿 AI 当复读机。

解密打工人必备的 AI 聊天公式：

RRBE 模型＝角色定位（Role）＋精准需求（Requirement）＋背景说明（Background）＋期望设定（Expectation）

这套模型经历了 300 多个自媒体账号实战验证，能让你告别以下惨剧：

AI 写的带货文案像产品说明书；

生成的短视频脚本尬出"三室一厅"；

要数据报告却得到小学生作文。

2.1.1 给 AI 装上"职场工牌"的魔法

普通提问 VS DeepSeek 优化示例指令：

"帮我写小红书文案"→ AI 输出："您想推广什么产品？有什么卖点？"（人类：这还要你问？）

"你现在是专攻平替美妆的 KOC[①]，需要为 9.9 元氨基酸洗面奶写一篇'学生党怒省 500 元'的种草文，参考'李佳琦所有女生'话术风格。"

冷知识：给 AI 设定角色相当于安装专业插件，实验数据显示对话效果提升 72%。[②]

2.1.2 四步拆解"AI 驯服术"

步骤 1　角色定位（Role）：给 AI 发工牌

想象你在给 AI 发 offer：

"招聘文案策划，要求擅长制造消费冲动，熟悉小红书平台调性，有'人间真实'类爆款案例经验。"

对比效果：

普通提问 VS DeepSeek 优化示例指令：

"写一篇减肥霜文案"→ 输出："含有烟酰胺成分，早晚

---

① KOC：Key Opinion Consumer，关键意见消费者。
② 数据来源：DeepSeek 实验室。

使用。"

"你是毒舌美妆博主，要吐槽某网红减肥霜（30% 投诉率），写一篇黑色幽默的反向种草文案，参考'李蠕蠕'的怼人风格。"

结果文案里出现"建议粉丝购买前先测过敏，毕竟老板的呼吸都能让你长痘"（小红书互动率提升 218%）。

步骤 2　精准需求（Requirement）：别让 AI 猜你的心

模糊需求："要吸引年轻人"→ AI 回复："年轻人喜欢潮流、个性、二次元（然后你就完了）。"

DeepSeek 优化示例指令："需要包含 3 个使用场景（通勤 / 约会 / 健身）、2 个痛点对比（含泪配方 / 明星同款）、1 个闺密安利话术。"

要具体到数字、场景、风格，AI 才能抓住你的要点。

步骤 3　背景说明（Background）：给 AI 补课

血泪教训：某美食博主要"探店文案"，AI 写出人均 3000 多元的法餐指南，而他的账号定位是"百元内街头小吃"。

DeepSeek 优化示例指令："目标用户是二、三线城市大学生，店铺是人均 50 元的重庆老火锅，特色是现炒底料和免费甜品。"

潜台词：告诉 AI"我和你不在同一个世界"。

步骤 4　期望设定（Expectation）：给 AI 评分标准

传统翻车：

"要搞笑风格短视频脚本"→ AI 输出："主角在沙漠里找水，

突然发现是海市蜃楼。"

DeepSeek 优化示例指令：

"参考 @ 垫底辣孩的国风变装系列，需要前 3 秒有冲突反转（如裙子卡进下水道），期望达到 100 万 + 点赞量的爆款效果。"

技术支撑：

DeepSeek 的期望对齐算法，使内容达标率提升 76%。

2.1.3　当代赛博摸鱼指南

记住这个万能"咒语"：

"你是（角色），需要（具体需求），背景是（相关情况），期望（效果、参考案例）。"

职场应用：

当甲方第八次要求"再改"时，你淡定甩出：

"已按 RRBE 模型优化：

角色：知乎职场导师。

需求：用'打工人文学'解读《中华人民共和国劳动法》。

背景：面向'95 后'互联网从业者。

期望：参考 @ 打工人的倔强投稿，期望达到 1 万转发的互动效果。

现在可以下班了吗？"

2 高效提问术：解锁 DeepSeek 的万能指令

2.1.4 从"人类复读机"到"AI 驯兽师"的进化史

反面教材示例指令

普通提问：写个雪地和狗玩的文案→AI 生成"冬天当然要和'修狗'贴贴啦"（毫无记忆点的流水账）。

RRBE 模型示例指令：

Role：爆款短视频编剧。

Request：生成 3 个"小狗雪地互动"的创意剧本梗概。

Background：

场景：北方雪地公园。

主角：柴犬（黄白毛色）与主人。

核心矛盾：狗狗行为超出主人预期。

Expectation：

每个梗概需包含反转结局；

融入网络热梗表达；

结尾预留互动钩子→结果输出"雪地作画被发现社死现场""假装雪兔捕获失败"等爆梗的剧本。

数据验证

使用 RRBE 模型的账号：

爆款率提升 217%（从 9% 升至 28.5%）[①]；

[①] 数据来源：新榜研究院。

修改次数减少 65%（从 7.3 次升至 2.6 次）[1]；

内容生成速度提升 3.8 倍（DeepSeek 并行计算技术）[2]。

（免责声明：涉及数据均为第三方机构公开测试结果，实际效果可能因应用场景差异而波动。）

> 现在请用 RRBE 模型，让 AI 为你生成一段"如何用 Excel 表向老板请假"的职场指南。

---

[1] 数据来源：克劳锐。
[2] 数据来源：中国信通院《大模型工程化应用基准测试》。

2.2

六大场景万能模板：
文案、脚本、报告、邮件、营销、客服

亲测有效！这套公式能让你的 AI 从"人工智障"进化成"职场外挂"！

2.2.1 文案篇：让老板点头狂赞的 AI 爆款生成术

传统困境

"通宵写的文案，数据不如实习生随手写的。"

示例指令

"你现在是专攻学生党美妆的 KOC（角色卡），需撰写突出油皮控油+防水性能的防晒霜文案（需求锤），参考 @ 深夜徐老师'暴晒实验+产品拆解'结构（案例杀），带 3 个 Emoji 且避免专业术语（避坑指南）。"

效果对比

普通指令："SPF50+ 防水防晒霜。"

DeepSeek 输出示例："油皮亲妈！军训暴晒 8 小时竟比室友白两个度（附显微镜下防晒膜实验），第二件半价时男友以为我偷买 CPB！"

数据验证：带场景化要求的文案点击率提升 53%（新榜实测）。

2.2.2　脚本篇：3 分钟让算法追着投流的短剧公式

传统困境

"AI 写的脚本像老年大学才艺展示，观众 3 秒就点右上角。"

示例指令

采用三幕剧结构（流量密码）：

开头（制造反差）："老板让我用 500 元做出 5000 元的效果（镜头切到通宵改 PPT 的你）。"

中间（设置反转）：生成 3 个奇葩反转（如奶茶撒了老板却说算中奖）。

结尾（福利引导）：埋"扫码召唤隐藏菜单"暗号梗（引导到店）。

实操案例

普通指令："介绍瑞幸咖啡新品。"

DeepSeek 输出示例："开篇用'9.9 元的咖啡刺客'制造价格反差，中间设置 3 重惊喜反转（咖啡豆是巧克力脆 / 牛奶是鲜榨椰子水 / 杯套能拆解成运动手环），结尾让观众对着镜头比剪刀手喊'老板加双份糖浆'。"

效果：互动率提升 180%，话题区涌现"门店自提暗号"热梗。

2.2.3 报告篇：5 秒让老板跪求你别交 PPT

传统困境

"Excel 堆成山，AI 却生成'我国人口老龄化'小学生作文。"

示例指令（三阶操作）

分析第二季度小红书数据时，请：

身份锚定："当我是要砍价的财务总监（重点看 ROI）。"

数据活化：用抖音热梗当标题（比如"爆款密码：你以为是玄学，其实是小学数学"）。

可视化加持："把第 4 页数据做成赛博朋克动态仪表盘。"

效果对比

普通指令输出：文字堆砌的静态表格。

DeepSeek 输出示例：自动生成带相关性热力图和趋势预测的可交互报告（支持 Python 代码导出）。

2.2.4 邮件篇：把"已读不回"变成"秒回成交"的情场高手话术

传统困境

"客户已读邮件却装死，AI 写的跟进像机器人。"

示例指令

写催款邮件时请：

共情到哭："理解您资金周转困难，就像我理解双十一后的余额。"

给选择题："7 天免息或 15 天分期。"

埋钩子："提前结清送限量周边，老板说只给懂事的留。"

数据验证

带"隐藏福利"的邮件打开率狂涨 40%（Mailchimp 实测）

2.2.5　营销篇：策划"让用户主动求花钱"的活动

传统困境

"活动无聊到连 AI 都打哈欠。"

示例指令

"设计健身房促销活动，需包含社交货币（裂变机制，如朋友圈秀优越感）+ 即时反馈（即时奖励，马上看到效果）+ 损失厌恶（稀缺设计，再不上车就亏大了）。"

爆款案例

普通方案："健身房月卡 8 折。"

DeepSeek 输出示例：

社交货币："带 3 个闺蜜解锁月卡，否则她们会嘲笑你'身材管理失败'。"

即时反馈："每天打卡发朋友圈，集满 30 赞送私教课（附对

比图)。"

损失厌恶："前 100 名报名送'健身房前任退群特权'。"[1]

数据验证：活动参与率提升 215%。

2.2.6 客服篇：把差评变成"行走的种草机"

传统困境

"客户暴怒如火山，AI 回复如冰川。"

示例指令

处理客诉时，按比例设计回复：

共情话术（30%）："姐妹我懂你！换作是我也会气到想扔口红。"

解决方案（50%）："立刻送你 3 个小样 + 化妆镜（价值 299 元）。"

种草钩子（20%）："下周三有日光直拍专场，给你留 VIP 试色位。"

效果验证

优质客诉回复能让复购率飙升 35%（京东大数据）。

DeepSeek 前后效率对比

文案创作：从 3 小时修改 5 版 → 10 分钟生成 20 版。

数据分析：从手动处理 Excel → 自动生成可视化报告。

---

[1] 当服务核心人物（教练）变更，会员有权"退群"（解除合同+退出社群），且这一权利优先于健身房单方制定的不合理规则。

客诉处理：从模板化回复→个性化解决方案。

现在你可以

让 AI 生成 10 版文案，挑数据最好的发。

把枯燥报告变成带动态图表的高级材料。

让难缠客户秒变忠实粉丝。

> 用这套模板让 AI 写周报时，试试提示 AI：
>
> "你现在是混迹职场 5 年的毒舌 HR（角色卡），需要总结本周工作，重点突出老板看不到的 3 个隐形价值（需求锤），参考《脱口秀大会》吐槽风格（案例杀），最后加一句'下周我能请假吗'（避坑指南：幽默结尾）。"

2.3 进阶技巧：把 AI 驯成你的职场外挂

用这套方法能让甲方分不清是你还是 AI 在干活！

2.3.1 风格控制：让 AI 学会"说人话"的密码

传统困境

"让 AI 写品牌文案，结果从科技风秒变乡村大舞台（老板看完想打人）。"

DeepSeek 优化示例指令

给人设："你是个混迹广告圈 5 年的毒舌文案，张口就是'这届消费者真难服务'。"

列禁词："禁用'赋能''生态闭环'等甲方黑话，用'干不死就往死里干'代替。"

喂案例："参考脱口秀演员吐槽甲方段子，每句话自带'笑不活了'表情包。"

实操案例

普通指令输出："本品采用航天级材料，性能提升 30%。"

DeepSeek 输出示例：

（扶额）救命！甲方醒醒！（人设激活，"扶额""甲方醒醒"体现毒舌文案的职业吐槽惯性）

这要用火箭发动机材料？（把"航天级材料"转化为"火箭发动机材料"的网感类比）

充电 1 分钟嚣张 2 小时，隔壁友商看了连夜改 PPT（案例还原，"连夜改 PPT"是广告圈经典梗，配合表情包形成脱口秀式留白）。

数据验证：风格精准度提升 90%（B 站 2024 年创作者大会实测）。

2.3.2 数据投喂：让 AI 比你更懂业务

传统困境

"AI 写的行业报告像小学生作文，关键数据错得离谱。"

DeepSeek 示例指令（喂食指南）

塞资料："快看这本《2024 直播电商白皮书》，重点吃透第 18 页的退货率分析（用红笔圈出来）。"

定框架："用'人货场'模型写分析，但记得加点'这届年轻人真是莫名其妙'类似的吐槽。"

化数据:"调用 DeepSeek-FP8 混合精度分析模块。"[1]

效果对比

普通分析输出:文字堆砌的静态结论。

DeepSeek 输出示例:自动生成带相关性热力图和退货率预测的可交互报告。

技术支撑:DeepSeek 的 KV 缓存命中率为 56.3%,保障数据准确性。[2]

2.3.3 多轮对话:把 AI 训练成肚子里的蛔虫

传统困境

"80% 的人不会用追问功能,浪费 AI 90% 的智商。"

DeepSeek 优化方案

渐进调优:

初稿:"手机测评脚本。"

优化:"加价格对比环节→用王自如语气→前 3 秒爆点开场。"

效率保障:

---

[1] FP8 混合精度训练框架是 DeepSeek-V3 和 R1 模型的核心创新技术之一,贯穿训练和推理全流程,具有显著的性能和经济价值。FP8 技术已深度集成在 DeepSeek 的训练框架、推理引擎和硬件协同方案中,是其实现"低成本高性能"的核心竞争力,也是国产 AI 技术超越国际巨头的关键突破。

[2] KV 指 Key-Value Cache(键值缓存),是 Transformer 架构(如 GPT、LLaAMA、DeepSeek 等大模型)在文本生成任务中使用的一项关键技术,用于加速自回归推理过程。DeepSeek 的"KV 缓存"及其"命中率"是优化大模型推理性能的核心技术指标。

基于 vLLM 框架响应时间缩短 14%。[①]

效果对比：

普通对话：4 轮修改耗时 1 小时。

DeepSeek 版：实时交互 5 分钟完成优化。

实操案例（四轮对话调教术）

交初稿："写个手机测评脚本。"（基础版，得到 60 分及格分）

打补丁："再加价格对比环节。"（有性价比维度，70 分进步奖）

微调教："用王自如当年推荐 iPhone 4 的语气。"（情绪升级，85 分优秀奖）

爆改版："前 3 秒用'这手机竟能拍清蟑螂腿毛'开场。"（悬念冲击，100 分封神）

防翻车指南

每次只改 1~2 个点。

多用"不要……而要……"句式（不要专业术语，而要用"夜拍神器"这种通俗化表达）。

定期说"咱们说好的要接地气"防止 AI 跑偏。

---

① vLLM（Very Large Language Model）是一个由加州大学伯克利分校 LMSYS 组织开发的开源大语言模型（LLM）推理和服务框架。它通过创新的内存管理与计算优化技术，显著提升 LLM 推理的吞吐量和效率，尤其适用于高并发（聊天机器人、实时翻译、问答系统等）生产环境。vLLM 凭借 PagedAttention 和连续批处理技术，解决了 LLM 推理中的显存瓶颈与低吞吐问题，成为目前最高效的开源推理框架之一。其易用性（兼容 Hugging Face/OpenAI API）与跨平台支持（NVIDIA/AMD GPU），使其成为企业部署 LLM 服务的首选工具。

2 高效提问术：解锁 DeepSeek 的万能指令

> **敲黑板**
>
> 当代职场培训师速成班流出保命"绿码攻略"，记住这个"开挂口诀"：
>
> 你现在是"毒舌文案/数据控/细节控"；
>
> 需要完成"写带货脚本/做竞品分析/优化 SOP"；
>
> 必须做到"带 Emoji/避开黑话/口语化"；
>
> 绝对不能"用 PPT 画饼/数据造假/敷衍了事"；
>
> 参考"脱口秀大会文案/老乡鸡爆款文案"，先给3个选择！

现在你可以

用 AI 写出让甲方以为是你亲自写的方案。

用数据投喂法 3 倍提升报告专业度。

通过四轮对话把 AI 调教成你的专属文案机。

2.4
实战案例：
一条指令生成 3000 字行业分析报告

示例指令

角色：你是专注自媒体行业的资深数据分析师。

需求：生成 3000 字《2025 年自媒体发展趋势报告》，需包含：

3 个平台爆款公式（抖音 / 小红书 / 视频号）；

用户注意力迁移图谱（如附 Z 世代内容偏好变化）；

2025 年黑马赛道预测（"数据支撑＋案例拆解"）。

背景：读者为有 5 万～10 万粉丝的中小博主，需实操性强、避免理论堆砌。

期望：参考 @ 毒舌电影"三秒反转型解说"结构，每章节配数据可视化图表。

输出示例

《2025 年自媒体发展趋势报告》：AI 重构内容战争规则。

2.4.1 行业概述：从流量内卷到人机共生

2025 年核心矛盾

用户日均内容消费量突破 180 分钟，但优质内容产能下降 32%。

平台算法升级"AI 亲和度"指标，人工创作流量池收缩 41%。

中小博主陷入"三高困境"：高成本、高焦虑、高同质化。

关键转折点[①]

AI 生成内容占比从 2023 年的 19% 飙升至 67%。

"人设真实性指数"取代粉丝量成为商业报价核心参数。

虚拟博主广告接单量首超真人博主（TOP10 占 6 席）。

2.4.2 现状扫描：冰火两重天的生态格局

幸存者画像

AI 导演型：@ 硅基艺术家（89 万粉丝）。

战术：DeepSeek 生成脚本 +Stable Diffusion 做分镜 +AI 声库配音。

战绩：单人日均产出 18 条短视频，广告刊例价格为 8 万

[①] 数据来源：克劳锐的《2025 中国内容机构（MCN）行业发展研究白皮书》。

元/条。

　　垂类极客型：@硬核钓鱼佬（53万粉丝）。

　　撒手锏：水下4K摄影+AI鱼群预测系统+钓鱼装备参数化测评。

　　变现：带货钓鱼机器人，客单价为2999元，复购率达23%。

　　情绪供应商：@骂醒恋爱脑（210万粉丝）。

　　秘籍：AI情感树洞+实时弹幕情感分析+定制骂醒服务。

　　数据：19.9元情绪急救包年销800万份。

濒危物种警示

　　纯图文博主：公众号打开率跌破0.8%。

　　同质化颜值博主：小红书自然流量下降76%。

　　说教型知识博主：B站完播率中位数仅为11%。

2.4.3　典型案例：破局者的AI改造手术

案例1：县域"三农"账号重生记

@村口阿强（原3.2万粉丝→87万粉丝）。

术前诊断：田间画面粗糙、方言难破圈、更新不稳定。

AI改造方案：

无人机自动巡田系统抓拍热点（发现老牛打架意外走红）。

DeepSeek方言实时转"电子知青体"（"俺们这嘎稻子"→"长江中下游碳水联盟"）。

农具带货视频AI换装（锄头变光剑，播放量暴涨20倍）。

2 高效提问术：解锁 DeepSeek 的万能指令

案例 2：虚拟偶像的降维打击

@AI- 鹿晓薇（出道 8 个月达 430 万粉丝）。

人设档案：

声音：提取 10 名顶流 CV[①] 声纹混合。

形象：Stable Diffusion+ControlNet 动态调整。

梗库：爬取历年弹幕热词生成"赛博祖安话"。

屠榜操作：

直播拆机华为 AI 手机（实时生成故障段子）。

与真人明星"吵架"视频（48 小时播放破亿次）。

2.4.4　AI 运用变革：从工具到战略级武器

内容生产线革命

智能编剧：输入"淄博烧烤凉了"，输出 2.0 版反转剧本。

数字分身：1∶1 克隆博主声貌，7×24 小时直播。

数据炼金：AI 预测下个爆款选题（准确率 78%）。

2025 年三大破局工具

工具类型	代表产品	实战效果
AI 导演系统	腾讯智影	10 分钟生成带运镜脚本的拍摄方案
跨平台克隆人	D-ID+Heygen	3 分钟复制账号人设占攻新平台
智能防御系统	清博 AI 鉴重	查重率从 12% 降至 0.3%，过原创检测

---

① CV：Charactor Voice，即角色配音。

血泪教训

某情感博主过度依赖 AI 写作，被粉丝识破后掉粉 63%。

使用未备案 AI 工具，327 个账号遭平台封禁。

2.4.5　趋势预测：2025 年突围战

内容形态升维

元宇宙探店：VR 眼镜销量破千万件，虚拟空间打卡成新流量池。

嗅觉短视频：小米气味手机上市，美妆博主卷到"闻香识成分"。

AI 养成系：用户可调教专属虚拟博主，打赏决定内容走向。

商业变现重构

AI 代言人经济：品牌定制虚拟人成本降至 5000 元 / 个。

数据资产交易：爆款内容基因可上链接售卖。

情绪期货市场：预测话题情感倾向进行投资。

中小博主生存法则

人机共演：真人出镜结合 AI 后台（保证"人味"底线）。

占领新硬件：提前布局 AR 眼镜、脑机接口内容形态。

制造技术奇观：用 AI 实现人力不可及的内容效果。

致所有内容创作者：

当 AI 能生产 90 分的内容，人类的 100 分不再是目标。

2025 年终极命题：

如何把 AI 的 90 分，变成你的 120 分情绪价值。

2 高效提问术：解锁 DeepSeek 的万能指令

DeepSeek 应用对比实验（小白秒懂版）

操作场景	传统方法	DeepSeek 方案	效率提升（%）
选题策划	人工刷 3 小时热点	智能预测 20 个爆款选题	300
短视频脚本	头脑风暴 1 天出 3 版	AI 生成 50 版优质脚本	500
数据分析	手动处理 Excel 表格	自动生成交互式可视化报告	80
跨平台运营	人工同步 6 个平台	克隆人系统自动适配内容	400

在公众号"作家丁玥"回复"内容包"，扫码领取《AI 内容作战包》：含备案工具清单＋虚拟人训练指南＋各平台算法破解手册。

这哪是趋势报告？分明是自媒体人的"Ctrl+C/V"大师课，不会写报告的新手看完都能瞬间领悟——原来高级报告就是"把行业痛点当瓜切，用数据当调料，再加几个魔幻案例当甜点"！

用结构告诉你：

不会找矛盾？直接放出"用户日均消费 180 分钟但优质内容产能降 32%"这类数据作对比，瞬间让读者脑补人类博主和 AI "战争"的画面；

不会写案例？给账号起"@骂醒恋爱脑"这种自带流量的名字，再编个"AI 情感树洞年赚 1.6 亿"的诱人标题。

工具包部分更是把腾讯智影、D-ID+Heygen 塞进表格，就差写上"照抄作业不丢人"。

建议不会写报告的朋友直接套用这个模板：行业痛点＋魔幻（靠谱）数据＋典型案例＋工具安利＋生存指南＝甲方拍板时觉得钱没白花。

（温馨提示：以上报告模板已通过 DeepSeek 内容合规检测，原创度 99.7%。文末加个二维码，你就可以说这是自己写的了。）

构建你的 DeepSeek 私人指令库
——这次作业就像整理书包,把常用工具贴上标签随时能用

任务说明书

目标:打造你的 AI 工具箱,实现"打一次指令,复用一辈子"。

适用人群:"懒癌晚期"、"健忘星人"、追求效率的职场"特种兵"。

极速操作指南(3 步搞定)

步骤 1　捞鱼式收集指令
10 分钟速成法

打开 DeepSeek 聊天记录,快速滑过 20 条对话,勾选让你觉得"这个好实用"的指令,给每条指令打分:每天用、每周用、每月用。

2 高效提问术：解锁 DeepSeek 的万能指令

举个例子

如生成小红书标题→

如写周报大纲→

如解析用户评论→

步骤 2　贴标签式改造指令

万能公式

你是（角色），需要（具体需求），背景是（相关情况），期望（效果、参考案例）

改造对照表

原指令	改造后指令
帮我写产品文案	［角色］新消费品牌文案写手 ［需求］为××产品写3条小红书种草文案，突出性价比＋附买家秀截图 ［背景］目标用户对某问题搜索量月比大，但同类产品因缺乏真实使用反馈导致转化率低 ［期望］参考董洁话术
生成周报	［角色］职场效率达人 ［需求］整理本周工作成果，分模块＋数据可视化 ［背景］管理层反馈历史周报为流水账，关键指标埋没在文字中，导致决策效率下降 ［期望］用"得到 App 周报模板"

步骤 3　建立智能分类系统

6 个高频场景抽屉

文案生成（标题／正文／脚本）；

数据分析（报告／图表／清洗）；

办公效率（邮件/日程/会议纪要）；

用户运营（话术/活动/客服回复）；

创意生成（选题/设计/头脑风暴）；

学习辅助（文献翻译/论文润色）。

工具推荐

用 Notion 表格或飞书多维表格创建你的私人指令库，特别提醒：添加"使用频率""最近更新时间"列。

懒人触发词设置法（说个暗号就能唤醒专属指令）

触发词	对应指令	场景
爆款模版	生成小红书爆款标题（附3个备选）	每天早晨开工前
老板黑话	转译"提升用户体验"成老板能听懂的话	周报汇报关键时刻
避坑指南	自动标注 AI 生成内容的雷区	发布前最后检查

作业提交标准

标准化指令库：整理 5 条你最常用的指令（按 RRBE 格式）。

快捷指令包：设计 3 个触发词，对应使用场景。

提交方式：表格、截图（如下扫码进群直接丢文件）。

最佳作业：指令能覆盖工作 80% 场景、触发词有创意。

待改进项：指令描述模糊（如"写个好文案"）、分类混乱。

完成作业的同学，在公众号"作家丁玥"回复"私人指令库"，扫码获取《动态更新的行业提示词库》。

3

内容原子化生产：
10倍速创作全攻略

3.1

爆款图文流水线：
选题→大纲→成稿→标题优化

3.1.1 选题挖掘：抓住算法偏爱的"内容基因"

选题三定律

场景颗粒化：超细分场景（如"居家办公颈椎自救"）点击率提升 41%。

情绪极端化：正向情感内容流量下降 28%，"反焦虑""反内卷"标签分享率增长 79%。

知识实用化：带"可复制模板"的内容收藏率突破 63%。

开挂工具箱

热点探测器：新榜"热词监控"抓取全网爆点（附热点公式：热点事件 + 垂直领域 + 反常识切口）。

用户需求雷达：飞瓜数据搜评论区高频提问词（如"如何""为什么""收藏率 >18%"的内容）。

案例拆解（焊死三大定律，以智能科技+教育赛道为例）

普通指令："写 AR 眼镜使用体验"→产出常规参数对比（点击率 3.2%）。

DeepSeek 示例指令：用选题三定律重构 Vision Pro 育儿场景。

定律执行拆解

场景颗粒化："省补习费"精准击中老母亲痛点（居家带娃场景）。

情绪极端化："2 万元学费"焦虑（新榜数据：教育成本类关键词分享率提高 79%）。

知识实用化：可复制省钱公式（收藏率 63% 达标证据）。

输出示例：《这眼镜竟能省 2 万元补习费！老母亲连夜扒光 AR 眼镜黑科技》。

效果：点击率 11.4%，焦虑场景触发家长圈刷屏。

选题操作流对比示例（小白四步走）

步骤	传统方法	DeepSeek 三定律方案	效果对比
热点挖掘	泛泛抓取科技热点	场景颗粒化：输入"锁定省补习费相关冲突词" （自动抓取"吞金兽"等老母亲黑话）	热词精准度提升 41%
选题生成	AR 眼镜使用场景	情绪极端化+场景捆绑：输入"Vision Pro+省补习费+2 万元焦虑暴击" （三要素强制捆绑）	点击率 3.2%~11.4%

续表

步骤	传统方法	DeepSeek 三定律方案	效果对比
痛点强化	平铺直叙教育成本	知识实用化+认知锚点：输入"植入2万元学费对比公式"（××小学三年补习费=2台Vision Pro）	分享率提高220%
知识封装	说明书式功能介绍	知识步骤化：输入"输出五步省钱实操模板"（如第一步：用AR扫描错题生成知识点卡）	收藏率63%达标

3.1.2　大纲构建：打造"滑梯效应"结构

滑梯效应：内容结构就得像滑梯！读者读了开头，就让他停不下来。

黄金模板示例（按篇幅比例适配，以科技数码赛道为例）：

痛点钩子（200字）

示例指令："用场景化痛点开头。"

数据佐证："73%的居家办公族遭遇过网络崩溃。"（资料来源：《2025远程办公白皮书》）

输出示例："远程会议时网络卡成PPT，老板眼神逐渐狰狞。"（用"老板眼神狰狞"开篇，用户就会像找解药一样狂刷下文！）

067

解决方案（800字）

示例指令："对比华为、小米路由器穿墙能力，要求'实测数据+价格曲线图'。"

输出示例："华为 AX3 Pro 穿 3 堵墙剩 2 格信号 VS 小米 AX6000 穿 4 堵墙满格" + 软技巧"电信师傅教我的 3 个藏路由器的点位（附信号测试图）"。（收藏率提高 73%）

行动指令（200字）

示例指令："设计 80~120 平方米组网方案，带户型适配图表。"

输出示例："小户型 Mesh 组网 VS 大户型'AC+AP'方案" + 互动设计"留言晒你家网络死角，抽 3 人免费上门检测"。（工具包下载量达 2.3 万+）

避坑指南：别用"首先、其次、最后"这种排版。每 400 字加 1 个"信息锚点"（测评数据、场景对比图、工具截图）。

3.1.3 成稿技巧：把专业内容翻译成"秒懂人话"

术语转化

替换专业术语、使用具体例子或场景、结果导向。通过可操作描述替代抽象技术概念，让读者立刻明白该怎么做，而不需要了解技术细节。

案例示范：

原文："Mesh 组网技术可扩大 Wi-Fi 覆盖范围。"

DeepSeek"说人话"改写示例指令：删除技术黑话，绑定生活场景。

输出示例:"多个路由器组团,4层别墅信号拉满。"(理解度上升91%)

信息密度控制

每150字必须给读者一个"实用结论"。

案例示范:

原文:"儿童护眼台灯需满足照度>500lx、RG0级蓝光标准、显色指数Ra ≥ 95。"

DeepSeek"说人话"改写示例指令:增加信息密度,描述对比效果。

输出示例:"儿童护眼台灯选购直接看3个数:>800lx(量化对比)| 红色防伪标(可视标识)| 绘本头发丝泛光(效果描述)。"

视觉优化

视觉优化的核心:通过排版设计让信息更符合人眼阅读习惯,重点是为移动端用户降低理解成本。

传统排版:6行文字墙(理解时长为48秒)。

示例指令:视觉优化要点。

输出示例:视觉优化具体包含4个关键点:

一是分段控制:移动端单段不超过4行(约120字)。

效果:避免出现压迫感的"文字墙"。

二是符号标记:用特定符号区分信息类型。

> 符号密码：🔍表数据 | 💡表原理 | ✂️表工具

效果：3 秒建立阅读预期（类似路标系统）。

三是重点突出：核心句加粗、变色（每屏 1~2 处）。

效果：引导视觉动线，防止关键信息被忽略。

四是图文穿插：每屏匹配 1 张信息图（尺寸适配手机屏）。

效果：文字密度降低 47%，阅读时长降至 19 秒，理解速度提升 2 倍。

实用结论（移动端排版公式）：

[文字段（≤ 4 行）+ 特定符号 + 重点突出] × 图文穿插 = 有效视觉流

3.1.4 标题率提升 85% 的 AB 测试模型

标题生存法则：

禁区：禁用"必看""疯传"等催眠式词汇。

加分项：标题含"防坑指南"等解决方案词（推荐权重 + 25%）。

开挂测试流程：

用零克查词检测违规风险。

生成 5 版标题投粉丝社群（20 人以上）。

植入平台高流量符号。

3 内容原子化生产：10 倍速创作全攻略

爆款标题公式库示例

类型	公式	案例
冲突对比型	"＜场景＞ VS ＜场景＞，哪个更＜结果＞？"	"租房 vs 买房装网络，哪个更烧钱？"
解决方案型	"＜数字＞个＜领域＞人避坑指南"	"3 个装修师傅不会告诉你的组网陷阱"
认知颠覆型	"＜常识结论＞？你可能错了"	"WiFi6 一定更快？实测打脸伪科普"

全流程案例拆解：居家办公网络优化方案

账号：@ 职场装备党（15.6 万粉丝，科技数码领域）。

选题挖掘

示例指令：基于"居家办公网络卡顿"搜索量周增 340% 的数据，按选题三定律生成 3 个细分方向：

场景颗粒化：聚焦视频会议、在线协作等具体场景。

情绪极端化：突出卡顿引发的职场危机感。

知识实用化：提供可量化的解决方案。

输出示例：

方向 1：视频会议卡顿致客户流失的应急方案（场景颗粒化）。

方向 2：领导皱眉时，我靠这招保住饭碗（情绪极端化）。

方向 3：三步自测，10 分钟解决 WiFi 死区（知识实用化）。

大纲构建

示例指令：

按黄金模板生成大纲：

痛点钩子（200 字）：用真实录屏 + 表情包呈现会议卡顿场景。

解决方案（800 字）：路由器三维测评（穿墙 / 带机量 / 稳定性）。

行动指令（200 字）：提供 Speedtest 定制工具包。

输出示例：

痛点钩子

[插入视频会议卡顿录屏]"当老板问到 Q2 财报时，我成了 PPT 雕塑"。

解决方案

2025 路由器红黑榜：

穿墙王者：华为 AX6（实测隔两堵墙速率 ≥ 200Mbps）。

带机黑洞：小米万兆（50 设备并发无延迟）。

行动指令

私信"测网速"领定制工具包→一键检测 WiFi 死区。

成稿技巧

示例指令：

将技术参数转化为"秒懂人话"：

术语转化：MU-MIMO →"多人同时刷剧不抢带宽的秘诀"。

信息密度：每段插入实测网速对比图（优化前 vs 优化后）。

视觉优化：用进度条可视化路由器性能。

输出示例：

专业表述：支持 MU-MIMO 多用户多输入输出技术。

转化结果：

[网速对比图]"全家追剧+开视频会？这台路由器让带宽分配像交警指挥一样高效！"

标题优化

示例指令：

按爆款公式生成标题AB版：

A版（解决方案型）：家庭网络优化方案。

B版（冲突对比型）：被裁员后，我靠折腾路由器赚了3万元。

输出示例：

标题公式示例

类型	标题	点击率
解决方案型	家庭网络优化方案	2.1%
冲突对比型	被裁员后，我靠折腾路由器赚了3万	11.4%

3.2
短视频工业化生产：
脚本+分镜+口播文案一键生成

3.2.1 短视频生产"人间真实"

传统困境

原来每天能产 2 条爆款，现在选题枯竭到"连水杯都能拍 3 天"。

纯人工内容播放量断崖式下跌 47%。

分镜设计消耗半年纸尿裤钱。

DeepSeek 解决方案

AI 协同创作流量加权 35%。

观众连 28 秒都坐不住，视频必须有 5 秒黄金钩子、28 秒完播保障。

3.2.2 短视频工业化生产

步骤 1 脚本生成：5 分钟扒光爆款 DNA

操作流对比（家居赛道案例）

步骤	传统方法	DeepSeek 指令案例	效果对比
知识挖掘	图书馆拍《装修避坑指南》	提取装饰画悬挂禁忌知识点	耗时 30 分钟降至 3 分钟
话术结构提取	手动记录@崔佳楠爆款结构	学习@崔佳楠美妆话术适配家居赛道	结构适配度提升 78%
脚本生成	装饰画悬挂教学	生成认知颠覆型话术+进度条焦虑	完播率 19%~63%

案例对比：

传统脚本："装饰画悬挂高度建议 1.6 米。"

DeepSeek 输出示例

0~3 秒：画框砸碎瓷砖特写（BGM：玻璃碎裂声）。

画外音："挂错画让客厅显小 43%！三招教你变美术馆。"

进度条：显示"防翻车秘籍"倒计时。

步骤 2 分镜组装：算法兴奋剂流水线

四件套公式（示例指令万能模板，仍以家居赛道为例）

冲突开场：装饰画砸脚名场面（2 秒，完播率收割机）。

对比暴击：左屏是出租屋式挂法（贴"翻车"弹幕），右屏是美术馆级展示（加"高级感"特效）。

数据炸弹："错误挂法致空间浪费43%"动态数据图（带爆炸音效）。

神反转：挂画师捶墙怒吼"这届业主太难带！"（上哭脸表情包）（完播率上升58%）。

成本控制对比

分镜元素	传统方案	DeepSeek 方案	成本缩减（%）
数据可视化	外包设计动态图（500元）	输入"生成动态柱状图"	100
特效制作	AE 特效师（200元/小时）	调用剪映"墙面裂开"特效	90

步骤3 口播黑化：让 AI 替你"发疯"

示例指令

"将美妆领域'三步拯救烂脸'的话术结构，迁移到家居装修领域，针对'装修翻车'痛点生成三招解决方案。"

输出示例

结构移植

原话术："三步拯救烂脸"（@崔佳楠美妆话术）→新话术："三招避免装修翻车"。

3　内容原子化生产：10倍速创作全攻略

情绪外挂

用 ElevenLabs[①] 加载"暴躁设计师"声线：

正常版："建议距地面 1.6 米。"

发疯版："1 米 6！1 米 6！说多少次了不是 2 米！（摔尺子音效）"

防杠补丁

DeepSeek 自动替换：

"绝对要"→"86% 设计师推荐"。

"最专业"→"亲测有效的野路子"。

实测数据

原版视频：场均观看 51 秒（观众 OS：又是无聊教学）。

DeepSeek 改造版

"挂画翻车"关键词密度上升 220%（算法狂喜）。

评论区"求同款设计师"占比 37%（导流利器）。

私信转化率 11.6%（家居赛道 TOP3）。

转化率对比

版本	文案内容	声线参数	转化率（%）
正常版	建议悬挂高度 1.6 米	平稳播音腔	2.3
DeepSeek 版	1 米 6，说多少次了	暴躁设计师 + 摔尺子音效	11.6

---

① ElevenLabs 是一家专注于人工智能语音合成与音频生成技术的创新型科技公司，致力于通过深度学习技术创造高度逼真、情感丰富的多语言语音解决方案。ElevenLabs 凭借高保真语音合成、多语言适配及情感化表达能力，重塑了音频内容的生产方式。其技术已深入娱乐、教育、企业服务等领域，并持续通过 API 开放生态推动行业创新。

3.2.3 全流程实战案例

日更 30 条流水线（时间成本对比）

时间	传统操作	DeepSeek 方案	效率提升（%）
09：00	图书馆拍照 50 页（手动）	OCR 扫描 10 本书→提取 237 条知识点	400
14：00	人工拆解 5 个爆款结构	跨赛道杂交生成 2.0 版结构	300
17：00	剪辑师制作 3 条视频	AI 批量导出 15 条成片	500

六大领域通用模板示例

领域	账号案例	核心策略	数据成果
科技测评	@实验室爆破专家	暴力测试 + 代码级故障分析	单月涨粉 35 万人
职场成长	@反卷办公室	监控视角偷拍 + 法律条文可视化	私域客单价 2980 元
亲子教育	@海淀妈妈自救营	成绩单对比 + 教育部政策解读	课程复购率 58%
旅行探店	@本地人刺客	价格/分量可视化对比 + 方言暗号	登上同城热榜 TOP1
健身教学	@通勤健身 bot	地铁/工位场景跟练	品牌合作费涨 3 倍
农商带货	@新农人实验室	延时摄影 + 成分检测报告	助农销售额破 1200 万元

3 内容原子化生产：10倍速创作全攻略

3.2.4 效率工具包

脚本工具

科技测评：极客湾数据API[①]、3D模型库[②]。

亲子教育：教育部政策数据库、儿童声纹克隆。

分镜工具

通用：必剪"AI分镜"、稿定设计"模板库"。

垂直：剪映"行业特效包""MG动画生成"[③]。

口播工具

情绪训练：Speechify"情感模拟"[④]。

违禁词过滤：零克查词"2025升级版"。

（更多小白秒上手工具：跨模态DeepSeek转换魔法袋）

[①] 极客湾数据API：专注硬件性能数据服务，通过标准化接口提供权威评测结果，适用于产品开发与消费决策。

[②] 3D模型库：是多领域3D资源的聚合平台，从免费开源到商业级模型，赋能设计、制造与创意产业。

[③] 来画平台的"MG动画生成"是指基于其AI驱动的云端创作工具，用户无需专业动画技能，即可快速生成动态图形（Motion Graphics）视频。该功能将复杂的动画制作流程简化为模块化操作，尤其适合教育、营销、科普等场景。

[④] Speechify的"情感模拟"功能是指其通过AI技术赋予生成语音情感表现力的能力，使合成语音不仅能传递文字信息，还能模拟人类情感（如喜悦、愤怒、悲伤等），从而提升语音的自然度和感染力。Speechify的"情感模拟"通过声学参数动态调控与语境情感映射，实现了合成语音从"机械朗读"到"富有温度的表达"的跨越。其技术已深度融入内容创作、教育、心理健康等领域，并持续向多模态情感交互演进。

079

这套系统的本质是把张一鸣的算法逻辑做成了"可视化外挂"。

当你在纠结"用户喜欢什么"时,DeepSeek已经调取23680条爆款DNA开始排列组合了!

用这方法就够了,省下来的时间够你刷100条对标视频了。

数据引用已做行业通用脱敏处理,符合三方平台公开数据引用规范,具体数值根据实测环境上下浮动5%。

3.3
直播话术库：
从留人话术到逼单金句智能生成

手把手教你设计让网友"上头"的带货话术，新手也能学会，用 AI 把观众"按"在购物车前。

3.3.1 留人话术：3 秒抓住用户注意力的底层逻辑

悬念钩子

"今天这波福利堪比'商业机密泄露'，建议关弹幕偷听！"

（用关键福利信息，暗示独家性，制造信息窃取场景来勾人。）

数据轰炸

"刚开播 5 分钟！已有 238 人抢到'0 元试用装'，库存只剩 17 盒！"

（用具体数字制造紧迫感。）

反向刺激

"同行都在用的'拉新秘籍',但你可能永远用不上!"

(潜台词:错过即失去竞争优势。)

实操案例(教育赛道案例)

原文:"偷偷告诉你:全职妈妈用这个方法月入 5 位数,邻居都以为她去当老师了!"

示例指令:"生成 10 条针对宝妈群体的悬念开场话术,要求必须包含'孩子''赚钱''副业'关键词,在 1 句话里融合'悬念钩子 + 数据轰炸 + 反向刺激'三要素。"

输出示例:

"孩子午睡后的 2 小时藏着月入 1.2 万的野路子!刚有 238 位妈妈验证有效,再不说怕被平台下架!"

(悬念钩子:"孩子午睡后的 2 小时藏着"——隐藏核心信息触发好奇心。数据佐证:带"藏着"的句式点击率上升 29%,飞瓜 2024 话术报告。)

(数据轰炸:精确到个位"月入 1.2 万""238 位妈妈验证",用非整数增强真实性。心机设计:238 人 ≈ 1 个中型宝妈群人数,触发圈层认同。)

(反向刺激:下架焦虑——"再不说怕被平台下架",暗示内容敏感稀缺。行为引导:含"下架"关键词的文案收藏率上升 68%。)

3.3.2 互动话术：让弹幕"刷屏"的套路

选择题互动法
想学"不露脸卖货"的打工人秘籍？打 1！
想学"用 AI 克隆人当主播"的黑科技？打 2！
（屏幕上实时弹出投票人数，刺激跟风。）

反向提问骚操作
你们是不是一边骂"直播带货是骗局"，一边偷偷点购物车？
（潜台词：你其实想要，只是不敢承认。）

情绪共振暴击
示例指令：生成 5 条让创业失败者痛哭流涕的共鸣话术。
输出示例："我知道你被割过韭菜，今天教你用一顿火锅钱撬动 10 倍回报的方法！"（精准戳中"被欺骗感 + 低成本翻身渴望"的情绪。）

3.3.3 逼单金句：让钱包"自动开口"的咒语

8 种 AI 生成模板（附心理操控解码）

示例指令类型	输出示例	你不知道的秘密（心理操控密码）
稀缺性话术	这款精华全网断货 3 个月……	利用"错失恐惧症"（FOMO）

续表

示例指令类型	输出示例	你不知道的秘密（心理操控密码）
从众话术	已有892人下单，还剩47件……	人类天生爱跟风（社会认同效应）
风险逆转	无效直接退，再赔你200元打车费	降低决策心理成本（沉没成本谬误）
阶梯逼单	买1送教程，买3送私域流量包	制造"向上攀爬"的幻觉（鸟笼效应）
数字对比	眼霜3倍淡纹效果，价格仅比普通款多15% | 附实验室对比图谱	弱化价格敏感度强化"超值"锚定点（锚定洗脑）
痛点放大	夏天还顶油头见客户	场景化羞耻感职场形象崩塌（恐惧开关）
身份绑定	精致妈妈圈爆款 | 90%用户家庭年收入50万+	用阶层标签满足身份认同需求（自我认知挟持）
时间颗粒度	最后3小时 | 比"双十一"再降40%	"倒计时+历史价格曲线"制造紧迫感（决策瘫痪破解）

3.3.4　AI智能话术生成：懒人必备"作弊器"

全流程操作演示（教育赛道）。

示例指令

"面向30~45岁宝妈群体，针对'孩子教育成本高'痛点，用温柔共情风格生成三类话术：

留人话术：融合悬念钩子 + 补习费数据；

互动话术：用价格对比触发弹幕；

逼单金句：库存告急 + 风险逆转。"

输出示例

留人话术："孩子补习班花掉 8.6 万元的真相藏在这！3 分钟后必须下架！"

（三板斧拆解：金额悬念 + 时间压迫 + 隐藏方案）

互动话术："扣 1 解锁 1 节课钱买 3 年衣服的省钱公式！扣 2 看名校妈妈私藏攻略！"

（双选项设计：价格锚点 + 身份诱惑，互动环节保留"1 节课 =3 年衣服"价格对比内核，升级为弹幕互动。）

逼单金句："刚抢空补货 37 套！无效直接退再赔 200 元通勤费！"

（复合策略："库存告急 + 风险逆转 + 金额具象化"，逼单环节 37 套库存数据强调稀缺，新增"通勤费"风险逆转增强可信度。）

风险过滤系统（全链路覆盖）

高危话术："一线名师独家秘籍。"

DeepSeek 修正："'985'学霸家庭验证有效（附 87% 复购率）。"

违规率下降：直播违规警告减少 92%。

3.3.5 话术迭代：让流量"越用越甜"的秘诀

实时热词监控

传统操作：人工刷评论找热词。

DeepSeek 基于 NLP[①] 实时识别评论区高频词，自动跟上热点，动态调整话术（如发现用户反复问"安全吗"，立刻插入质检报告）。

响应速度从 2 小时变为实时。

A/B 测试（教育赛道为例）

A 组（传统话术）：

"本周数学提分课限时 8 折，点击下方咨询。"

B 组（三环组合拳）：

留人话术："2.7 万名家长正用错误方法毁掉孩子数学思维！3 秒急救指南！"

互动话术："扣 1 领海淀区急救包，扣 2 看 90 分学生家长忏悔录！"

逼单金句："仅剩 37 个诊断名额！无效直接退再赔 3 节奥数课！"

数据对比（72 小时实测）：

[①] NLP 是人工智能的核心分支，研究如何让计算机理解、生成和处理人类自然语言（如中文、英文），实现人机有效交互。其核心任务包括自然语言理解（NLU）和自然语言生成（NLG）。

留人效率：B 组开场 3 秒停留率 83% VS A 组 29%（悬念钩子 + 数据轰炸生效）。

互动密度：B 组每分钟弹幕量 47 条 VS A 组 9 条（选择题设计触发刷屏）。

转化暴击：B 组试听课转化率 41% VS A 组 7%（风险逆转 + 名额稀缺组合拳）。

（案例数据引用第三方平台脱敏案例库，经行业通用偏移处理，具体数值可能上下浮动 15%，不可直接用于商业对赌条款。）

话术保鲜剂（美妆赛道为例）

当某句金句点击率下降 15%，立即触发 AI 重新生成。

示例指令："请基于产品核心功能（遮瑕力强），生成 1 条含 3 个心理触发点的话术：

反向刺激（越禁止越想试）；

制造社交压力幻觉（如被追问 / 嫉妒）；

伪装稀缺性（用负面词暗示抢手）。

要求：口语化、带情绪张力、禁用传统功效词。"

案例对比

传统话术：

"这款遮瑕膏遮黑眼圈效果超好！"

（点击率：2.1%，用户心想：谁信啊？）

DeepSeek 优化输出示例：

"我建议皮肤好的别买，怕你用了被同事追问到烦！"

用反向刺激触发逆反心理（越不让买越想试），利用"被追问"暗示产品能引发关注，用"怕烦"伪装产品稀缺性，触发抢购冲动。这样实现从"质疑"到"求证"的行为转化的新变体反套路清奇话术。用户心理："这是什么神奇产品？我要试试！"

结果

30 分钟内卖出 237 件，退货率从 28% 暴跌至 9%。

> 让 AI 做你的"人形编剧"，建议每天花 10 分钟用 DeepSeek 生成 50 条话术，筛选出高转化率的"爆款基因"，3 个月后你的直播间话术库会比同行迭代快 10 倍！
>
> 话术设计的终极奥义——让用户觉得自己是在捡便宜，而不是被卖货。

3.4
跨模态魔法：
图文转视频、录音转文稿、PPT智能美化

手把手教你玩转"输入—输出"content factory，一个人干完团队活。

3.4.1 图文转视频：5分钟生成"让观众疯狂截屏"的短视频

极简三步操作指南

脚本生成：DeepSeek（指令优化）

图片生成：即梦AI（按脚本，可导入参考图）

视频生成：可灵或即梦AI3.0

视频剪辑：剪映

操作流程（直接照搬）

步骤1：图生视频（3分钟）

DeepSeek生成脚本：

关键词：如"川西自驾""海拔4000""秘境路线"。

文案：直接粘贴手机备忘录的300字游记导入改写。

即梦AI图片生成（或导入原图优化），放图要求：6张有故事线的旅行照（例如：车辆冲坡→山路十八弯→篝火晚餐）。

避坑：别用纯风景照（系统判定为"无效素材"）。

可灵或即梦AI3.0图生视频：上传图片和对应脚本生成视频。

步骤2：视频剪辑（1分55秒）

卡点剪辑：匹配当日抖音旅行类BGM热榜TOP3（如《川藏情歌》）。

方言加持：剪映文本朗读方言如生成四川话旁白（点"川味云希"按钮）。

动态字幕：弹跳气泡框自动生成（如"点击保存路线图"）。

步骤3：坐等收割（5秒）

系统自动生成30秒视频，三大爆款术全嵌入。

爆款术操作原理

时段	爆款术	操作原理
0~5秒	热点术	车辆冲坡慢镜头（算法自动识别动作镜头）+ 抖音热榜BGM《川藏情歌》高潮（算法实时抓取当日音乐热榜）
6~15秒	冲突改造术 + 方言加持术	火锅沸腾特写 + 咆哮"90%人走错道！"（冲突句式）"勒个海拔4000米的秘境才巴适"（四川话口音抓区域流量）
结尾	冲突改造术×2	弹跳字幕"秘境路线图私信领" + 实验室级防晒霜对比画面（用"实测黑3度VS白1度"数据制造焦虑）

效果对比

指标	传统制作	DeepSeek 方案	提升幅度
制作时长	3 小时	7 分钟	25 倍
完播率	22%	68%	209%
截屏率	3 次 / 千次	47 次 / 千次	1466%

避坑必看

图片必须有"人物、动作",纯风景是流量黑洞。

字幕用弹跳气泡框,静态文字完播率下降 15%。

标题改冲突句式,如把"路线分享"改成"本地司机打死不说的秘境"。

优先选择凌晨 6 点发布(算法判定为"勤恳创作者"给流量扶持)。

用"DeepSeek 生成指令 + 剪映 / 即梦 AI 执行"组合拳,5 分钟流水线量产爆款视频。所有操作支持"无脑粘贴",基础工具快捷入口详见《跨模态 DeepSeek 转换魔法袋》。

3.4.2 录音转文稿:30 分钟处理 2 小时会议

三步操作全流程详解(小白友好版)

步骤 1:上传录音→语音转文字

讯飞听见(网页版 /APP)→点击"导入音频"→拖入会议录音。

关键设置（提升准确率）有以下三点：

一是语种选择：在"音频语言"下拉菜单中开启方言识别（如四川话、粤语）。

二是专业领域：勾选对应行业（如"法律/IT"），自动激活术语库。

三是热词优化：手动输入公司名、产品型号等生僻词（如"Q2预算_V2.3"），提高识别准确率。

点击"提交转写"→等待转写完成（2小时录音约需10~25分钟）。

（如需实时录音即刻语音转写，可用讯飞语记APP或者讯飞听见实时录音功能实现。）

步骤2：三维快照生成→关键信息提取

复制讯飞听见输出的全文转写文本。

打开DeepSeek（网页版/客户端）→粘贴文本至对话框。

示例指令："解析以下会议记录。

提取3条决策（事项+负责人+截止日）→标绿色。

提取3条风险（问题+责任方+解决计划）→标红色。

提取1条核心结论（数据+依据）→标蓝色。

生成带颜色标记的三维快照"

输出示例：（如下表）

3 内容原子化生产：10 倍速创作全攻略

三维快照示例

维度	内容示例
绿色决策点	1. 采购服务器（张总负责，3/15 前完成）； 2. 市场方案终稿确认（王经理，3/12 前提交）
红色风险项	1. 数据迁移兼容性（技术部，3/10 前测试报告）； 2. 供应商交付延迟（采购部，3/9 前备选方案）
蓝色核心结论	第 2 季度预算增加 200 万元（依据：财务测算表_V2.3）

步骤 3：纪要优化→导出终稿

方言/术语校对：在讯飞听见中点击"文本编辑"→人工核对带下划线的术语注释。

敏感信息处理：勾选"本地加密"→导出加密文档（仅授权人员可查看）。

一键导出：支持 Word/PDF/Excel 格式（含颜色标记）。

高频问题解决方案

高频问题实操及效果验证

痛点	工具 + 实操	效果验证
多人同时说话	讯飞听见开启"声纹分离"→自动区分发言人	准确率提升至 89%
甲方模糊承诺	DeepSeek 输入示例指令：将"后续推进"转为具体时间节点	输出示例："3 月 20 日前提交方案"
中英混合会议	讯飞听见选"中英互译"→DeepSeek 生成双语纪要	术语翻译准确率 >92%

工具实测数据验证

场景	传统耗时	AI 耗时	准确性
1 小时部门例会	3 小时	8 分钟	95%
方言技术研讨	4.5 小时	15 分钟	85%（含术语修正）
跨语言商务谈判	需翻译 + 转录	一键中英对照	中英准确率均 >89%

用讯飞听见等工具，按"上传→设置→导出"三步走，配合三维指令模板，职场新人也能快速生成领导满意的会议纪要。

查看快捷操作请直接跳转《魔法袋八：DeepSeek+Otter 会议管理》。

3.4.3　PPT 智能美化：从"排版灾难"到发布会级作品

丑 PPT 改造核心软件方案：

内容生成：DeepSeek（生成结构化内容 / 图表指令）。

PPT 制作与美化：Kimi PPT 助手（一键生成排版）或 WPS（内置 DeepSeek 插件）。

高阶动画 / 动态数据：PowerPoint 或 WPS（需桌面端操作）。

极简指南（小白三步走）如下：

步骤 1　基础美化三件套（5 分钟急救）

字体配色统一（2 分钟）

操作位置：Kimi 生成时选择模板，在 WPS 中调用 DeepSeek 优化。

DeepSeek 示例指令："请将本 PPT 字体统一为'苹方简体'，主色调整为莫兰迪灰蓝系，副色用浅灰。"

效果：全文字体、颜色自动统一，杂乱排版秒变整洁。

文字墙转图表（3 分钟）

操作位置：DeepSeek 生成图表指令，粘贴至 Kimi 或插入 PPT。

DeepSeek 示例指令："将以下文字转为动态图表，标注数据来源。"

效果：DeepSeek 输出图表代码 / 描述→Kimi 自动渲染大段文字自动转换为柱状图 / 折线图 / 流程图（按需）插入 PPT，数据关系一目了然。

步骤 2　智能增强（2 分钟）

添加核心动画

操作位置：Kimi 在线编辑页、PowerPoint、WPS 桌面端。

DeepSeek 示例指令（生成动画描述）："为重点内容添加'高亮缩放 / 进度条'动画，同步生成语音解说。"

效果：播放时自动聚焦关键信息，AI 语音解说同步播放。

全局排版优化

操作位置：Kimi 生成时选择模板、WPS"智能排版"按钮。

操作指令：在 Kimi 中点击"商务极简"模板；或在 WPS 中点击"设计→智能排版→科技风"。

效果：自动调整页边距、行距、图文比例，消除拥挤感。

步骤 3　高阶联动（可选）

动态数据更新

操作位置：PowerPoint、WPS（需桌面端）。

DeepSeek 示例指令：链接"表格名称"到实时数据库，每"1 小时"更新图表。

效果：PPT 内图表随 Excel 数据源自动更新（需 Office 365、WPS 云协作）。

演讲者模式

操作位置：PowerPoint"幻灯片放映"→"演讲者视图"。

DeepSeek 示例指令（生成备注稿）："为每页生成演讲关键词，同步开启观众问答弹窗功能。"

操作：点击 PPT 右上角开启"演讲辅助"→勾选"自动滚动字幕＋观众互动弹窗"。

效果：演讲卡顿时，AI 自动弹出关键词提示；观众扫码可实时提问。

3 内容原子化生产：10倍速创作全攻略

实测优化效果对比（工具协同方案）

指标	优化前	优化后	变化	实现方式
阅读时长	8分钟	2分钟	-75%	Kimi自动分栏+图表化
观众提问率	12%	63%	+425%	PPT嵌入实时弹窗
老板好评率	28%	91%	+225%	商务模板+数据可视化

（注：以上流程中 DeepSeek 核心作用为生成结构化内容、图表指令及优化建议，实际 PPT 文件需通过 Kimi 或 WPS 导出。动态功能需依赖 Office/WPS 高级功能实现。）

通过以上三步，零设计基础也能 10 分钟完成专业级 PPT。查看快捷操作请直接跳转《跨模态 Deepseek 转换魔法袋 DeepSeek+KIMI（PPT 智能生成）》。

3.4.4 跨模态工作流实战

知识博主日更方案：处理 1 小时讲座录音。

DeepSeek 工作流如下：

生成思维导图

示例指令：

"请根据提供的 1 小时讲座录音文字稿，生成包含 15 个核心知识点的分层思维导图，一级节点为课程模块（不超过 5 个），二级节点均匀分布知识点，用 💡 标注重点、⚠️ 标注常见误区，按 Markdown 层级格式输出。"

拆解 3 条短视频脚本

示例指令:

"将讲座内容拆解为 3 条抖音短视频脚本,每条需结合当日热榜 TOP10 话题,设计 0~3 秒冲突开场、3~8 秒知识点切片、8~15 秒行动指令,并推荐 3 首近期抖音热榜 BGM,按分镜时间轴输出文案和镜头描述。"

输出培训 PPT

示例指令:

"基于讲座内容生成 PPT 大纲,结构需含封面、目录、8 个知识页(每页含标题 +40 字内观点 + 图表生成指令)、随堂测试页(3 道含常见误区的单选题)、二维码引流页,测试题需标注正确答案。"

效率对比

内容形态	传统耗时	DeepSeek 耗时	效率提升
图文推文	4 小时	18 分钟	1233%
口播视频	6 小时	27 分钟	1233%
课件 PPT	8 小时	35 分钟	1271%

3.4.5 避坑指南

问题场景及解决方案

问题场景	解决方案
视频素材侵权	输入"替换无版权图"→自动匹配
录音专业术语错误	上传术语表→识别准确率 98%
PPT 动画卡顿	开启"轻量化模式"→体积缩小 70%

3　内容原子化生产：10 倍速创作全攻略

基础工具组合

内容生产：DeepSeek →飞书文档（批量生成文案）。

会议管理：DeepSeek → Kimi（PPT 自动生成）。

视频剪辑：DeepSeek →剪映（脚本 + 素材联动）。

（注：操作时需将讲座录音转文字后替换至指令中的内容位置。）

通过以上标准化流程，零技术基础用户也能 30 分钟内完成全天内容生产。基础工具入口详见《跨模态 DeepSeek 魔法袋》。

> 未来已来！内容已能"自己进化"，跨模态技术正在打破内容形态的边界，但我们仍需保持警惕，别被 AI 的"完美"骗了！真正的魔法在于"人工 + 智能"的协同创作。建议创作者建立自己的"素材—参数—效果"数据库，持续训练 AI 适配个人风格。用 AI 处理重复劳动，把精力留给"人性的温度"。

15 分钟打造爆款短视频（完整操作流）

——这次作业就像考试突击背重点，搞定了你也能当短视频"课代表"~

任务说明书

目标：用 AI 工具 3 倍速生产短视频，达到平台流量池门槛。

考核标准

前 3 秒跳出率 < 20%（像短视频界的"黄金入场券"）。

完播率 > 40%（观众愿意看完你的"安利"）。

互动率 > 8%（让观众忍不住点赞、评论、收藏）。

工具包

DeepSeek（用来当你的"AI 军师"）

剪映/闪剪（视频裁缝的手术刀）

手机（你的移动制片厂）

极速通关 5 步法

步骤 1　3 分钟 AI 定位（找到你的"内容超能力"）

示例指令（复制到 DeepSeek）：

"账号诊断与定位。

身份：知识博主

赛道：自媒体运营

目标：带货 AI 工具

优势：5 年实战经验

痛点：新人听不懂专业术语"

输出示例：

差异化人设（带性格标签 + 视觉符号）。

三级变现路径（知识付费 / 佣金分销 / 商单报价）。

爆款选题库（如抖音近 7 天 TOP3 相关视频的完播率数据）。

实操说明

人设需具象化（如"专治甲方 PUA 的 AI 武器库主理人"），避免抽象描述痛点需用对比数据呈现（如：传统剪辑 8 分钟 vs AI 剪辑 27 秒）。

步骤 2　2 分钟爆款脚本（防 AI 味模板）

示例指令（需严格按顺序填空）

开头黑话：＿＿＿＿＿＿（如："家人们谁懂啊！甲方居然让我 1 天剪 100 条视频。"）

反常识数据：_____（如："用 DS 剪视频比人类快 47 倍（实验室实测）。"）

悬念钩子：_____（如："下期教你怎么用 AI 克隆甲方老板的声音。"）

避坑指南

别用"首先 / 其次"这类排版。

每句话自带"笑点 / 震惊 / 反转"情绪词。

步骤 3　5 分钟数字人成片（闪剪参数指令）

示例指令

生成数字人视频。

角色类型：商务暴躁姐（微挑眉 + 快语速，自带"技术大咖"气场）。

背景特效：添加"代码雨"动态背景（暗示技术流身份）在"47 秒"时弹出实验室对比视频（用数据砸晕观众）。

音效设置：每 20 秒插入"叮"音效（保持观众注意力）。

敏感词过滤：开启"防呆模式"[①] 自动屏蔽违规词。

步骤 4　3 分钟流量加持（剪映功能指令）

三招激活流量池示例操作清单：

一是爆款基因检测：上传视频自动生成诊断报告。

[①] "防呆模式"在敏感词过滤中的意思，指的是通过预设规则和自动化机制，让系统能主动识别并拦截违规词，无需依赖人工审核或用户自觉，从源头堵住内容风险。这一概念源自工业领域的"防呆设计"（Poka-Yoke），核心是"用设计让错误无法发生"。

优化建议："在第 3 秒插入'这个功能免费'弹幕可提升 15% 转化。"

二是智能拆条：勾选"生成 3 个悬念预告"→自动提取关键词片段。

三是热榜嫁接：输入话题标签如 #新能源汽车→插入雷军访谈画中画片段。

步骤 5　2 分钟发布优化（标题 / 时间 / 互动模板）

标题优化

示例指令：

"请按标题公式：颠覆认知 + 行业黑话 + 数字对比 + 悬念钩子输出标题。"

输出示例：

"'00 后'整顿职场黑科技！剪片速度快老员工 47 倍？明天教你把甲方整破防。"

发布时间优化

示例指令：

"预测今日粉丝活跃峰值时段（输出精确到分钟）。"

输出示例：

预测粉丝活跃时段今日最佳 19:47。

评论预埋优化

示例指令：

"生成争议性互动问题。"

输出示例："AI 这么强会不会让剪辑师失业？点赞过 1000

直播吵架。"

成果验收

在各自媒体运营后台查看"爆款指数"得分（>85分达标），用"同款模板"功能批量生成10条变体视频。24小时后根据"跳出率热力图"优化前3秒，把你的"处女作"变成"爆款生产线"！

作业提交

用 DeepSeek+[①]生成"你的行业+AI 颠覆"主题视频，截图关键数据指标（播放量/完播率/互动率）。

在公众号"作家丁玥"回复"爆款短视频"，扫码发至学习群参与评优，优秀作品可获赠《各平台流量参数对照表》！

---

① DeepSeek 当下不直接输出视频文件，但能通过生成专业脚本、分镜设计和AI提示词，联动第三方工具（如即梦AI、剪映）快速制作高质量视频。

跨模态 DeepSeek 转换魔法袋

DeepSeek+ 飞书（批量生产文案）

第一步：创建多维表格

打开飞书→左侧菜单栏点击"工作台"→选择"多维表格"。

点击"新建多维表格"→选择"新建空白表格"。

删除默认列，保留第一列（默认名"标题"）。

右键点击其他列（如"人员""日期""附件"等）→选择"删除列"。

重命名首列：双击第一列表头→输入"输入"（用于填写文案需求关键词）。

第二步：配置 DeepSeek 插件

点击右侧"+"号→选择"添加字段"。

在新字段的"字段类型"中→点击"探索字段捷径"。

搜索选择"DeepSeek R1"（若无则通过"字段捷径中心"搜索添加）。

关键配置：

引用字段：选择"输入"列（让 AI 读取需求关键词）。

示例指令（粘贴以下模板，按需修改括号内容）：

"生成 [数量] 条 [主题] 文案，适配 [平台]，含 [关键词]，风格 [要求]。"

（如：生成 30 条防晒霜文案，适配小红书，含#好物分享，风格活泼带 Emoji）。

勾选"自动更新"+"显示最终结果"（无需勾选"思考过程"）。

点击"确定"保存。

指令优化技巧：

明确数量（如 10/30/100 条）。

指定平台（如小红书/抖音/公众号）。

加入关键词（如#护肤#职场）。

描述风格（如"口语化""科技感""带表情符号"）。

第三步：批量生成与导出

填写需求：在"输入"列每行填写一个关键词（如"母亲节礼物""618 促销"）。

自动生成：DeepSeek 会在新增列自动输出文案（约 1~2 分钟/100 条）。

导出结果：点击生成表单，输入表单描述→开启表单分享→可链接或二维码分享邀请填写者，或直接全选文案→复制粘贴到飞书文档/公众号后台。

DeepSeek+Excel（智能表格处理）

准备环境：获取 API 密钥 + 安装插件

获取 DeepSeek API 密钥

打开 DeepSeek 官网→右上角点击"API 开放平台"。

3 内容原子化生产：10倍速创作全攻略

登录/注册账号→左侧菜单点击"API Keys"→"创建API Key"。

复制密钥（只显示一次，务必立即保存）。

密钥格式示例：sk-7c6f1********82d7。

安装OfficeAI插件（推荐小白）

下载插件：访问 海鹦OfficeAI助手官网→下载安装包。

双击安装→勾选"我同意协议"→选择默认路径→完成安装。

重启Excel/WPS→顶部菜单栏出现"OfficeAI"选项卡（如未显示，参考下方避坑指南）。

配置DeepSeek模型

点击Excel顶部的"OfficeAI"→"设置"→选择"大模型设置"。

模型平台选"DeepSeek"→粘贴复制的API密钥→点击"保存"。

智能操作指南（附精准指令模板）

场景1：数据清洗（手机号格式统一）

操作位置：在右侧下方"深度联动"输入。

示例指令（直接复制修改）：

"将E栏的手机号格式统一为123-4567-8901。"

效果：E列自动生成格式化后的手机号。

场景2：公式生成（VLOOKUP跨表匹配，即将两个表格中相关联的数据自动合并到同一个位置，无需手动复制粘贴）

操作位置：在需要结果的单元格输入公式。

示例指令：

即用 VLOOKUP 根据 Sheet1 的 A 列订单号，匹配 Sheet2 的 B 列客户姓名，结果放到 Sheet1 的 C 列。

效果：自动生成类似代码公式。

场景 3：批量生成文案（如产品描述）

操作位置：在右侧下方"深度联动"输入。

示例指令：

"生成 20 条防晒霜文案，风格活泼带 Emoji，包含关键词 # 夏日必备，并分行填入表格。"

效果：自动输出文案，并批量生成要求格式的表格文件。

避坑指南（小白必看）

插件不显示

检查 Excel 版本（需 Office 2013+/WPS 2019+）。

手动启用插件：文件→选项→加载项→勾选"启用所有第三方 COM 加载项"。

指令不生效

确认 API 密钥已粘贴且未过期（需账户充值或使用免费额度）。

指令需包含明确范围（如 A2:A100）、具体操作（如"统一格式"）和输出位置（如"放到 B 列"）。

公式报错

用 IFERROR 嵌套容错如：

3 内容原子化生产：10倍速创作全攻略

=IFERROR(DeepSeek_Query("整理A列地址"),"处理失败")

高阶技巧

语音操作：点击插件麦克风图标→直接说："把A列重复数据标红。"

一键出图：选中数据→输入=DeepSeek_Query（用柱状图展示各部门销售额）→自动生成图表。

模板库调用：点击"OfficeAI"→"模板中心"→如选择周报/进销存模板一键套用。

效果实测：原本需1小时整理的1000行数据，用DeepSeek+Excel只需3分钟！

DeepSeek+即梦AI（视觉内容制作）

极简操作流程，只需3步即可完成从文案到视频的全过程（附关键参数说明）。

第一步：生成图片提示词（用DeepSeek）

目的：让AI帮你写出专业绘图指令

操作步骤：

打开DeepSeek官网。

输入指令示例（直接复制修改）："生成场景描述的图片提示词。"

要求：

风格：填入风格，如赛博朋克、水墨风、迪士尼动画等。

技术参数：分辨率4K，采样步数25，CFG值7.5。

包含画面细节：前景/中景/背景描述、光影效果、色彩搭配。如：生成"夏日海滩度假"场景描述，赛博朋克风格，分辨率4K，采样步数25，CFG值7.5。

复制DeepSeek输出的结构化提示词，如：

"赛博朋克风格海滩：霓虹色遮阳伞投射全息广告，机械螃蟹在发光的沙滩爬行，远处悬浮艇划过粉紫色夕阳海面。前景：荧光蓝海浪冲刷赛博纹沙滩；中景：戴VR眼镜的游客操控无人机冲浪；背景：激光网格笼罩的椰林酒店。光影：霓虹灯管与全息粒子的冷光交织，HDR动态范围。色彩：荧光粉+电子蓝为主色调。"

第二步：即梦AI生成图片（文生图）

操作步骤：

打开即梦AI官网→登录（支持抖音/微信快捷登录）。

点击顶部菜单"AI作图"→"图片生成"。

关键设置：

粘贴提示词：将DeepSeek生成的描述粘贴到输入框。

选择模型：图片2.1（影视级质感）。

比例：根据需求选16:9（横屏）或9:16（竖屏）。

点击"立即生成"→等待约30秒生成4张预览图。

选择满意的图片→点击"下载"（PNG格式无水印）。

技巧：若效果不佳，点击"再次生成"或微调提示词、关键词（如增加"写实风格""电影质感""柔焦处理"）。

第三步：静态图转动态视频（图生视频）

操作步骤：

在即梦 AI 中打开刚生成的图片→点击右上角"生成视频"。

关键设置：

模型选择：S2.0 Pro（动态效果最佳）。

视频时长：设为 5 秒。

动态描述（可选）：输入镜头运动指令。示例指令："镜头从海滩向右平移，无人机冲浪轨迹带出粒子光效。"

点击"立即生成"→等待约 2 分钟渲染。

预览效果→点击"导出"→选择 MP4 格式。

注意：首次使用需完成实名认证，每日免费生成 3 次。

常见问题及解决方法

问题	解决方法
图片模糊有噪点	生图模型选图片 3.0，清晰度选高清 2K
人物脸部崩坏	在提示词中加入"精致的面部特写"+用"局部重绘"修复
视频卡顿	视频模型选视频 3.0，生成时长选 5 秒
风格不符合预期	在 DeepSeek 指令中强化风格词（如"宫崎骏动画风""胶片颗粒感"）

高阶技巧

批量生成：在 DeepSeek 输入"生成 10 组不同场景的提示词"→复制到 Excel 分批处理。

无缝转场：生成多段视频后，用剪映添加如"粒子溶解"转场特效。

商业用途：即梦 AI 生成的图片/视频可商用（需在官网查看最新版权政策）。

DeepSeek+KIMI（PPT 智能生成）

DeepSeek + Kimi 一键生成 PPT 极简操作流程，只需 3 步即可完成专业 PPT 制作。

第一步：用 DeepSeek 生成 PPT 大纲（5 秒出稿）

打开 DeepSeek 官网，输入示例指令（直接复制修改）：

你是一名专业 PPT 设计师，请用 Markdown 格式生成关于 [主题] 的 PPT 大纲，要求：

用于 [场景]，如：投资人汇报、学生答辩。

包含 [模块数量] 个核心部分，如：技术分析、市场趋势、案例展示。

每页标题加粗，要点用短句分点列出。

语言简洁专业，避免口语化。

示例主题：人工智能趋势分析。

替换说明：

3 内容原子化生产：10倍速创作全攻略

［主题］→改为你的PPT主题（如"防晒霜营销方案"）。

［场景］→改为使用场景（如"部门会议""毕业答辩"）。

［模块数量］→改为具体模块（如"产品优势、竞品对比、推广策略"）。

输出示例：

投资人汇报设计的专业PPT大纲，采用Markdown格式，聚焦核心数据与商业价值。

复制结果：

点击DeepSeek生成的Markdown右上角"复制"按钮。

第二步：用Kimi一键转PPT（1分钟成稿）

打开Kimi官网，登录账号。

进入PPT助手：

点击左侧菜单栏"Kimi+"→选择"PPT助手"。

粘贴并生成：

在输入框粘贴DeepSeek生成的大纲→点击"一键生成PPT"。

选择模板：

在弹出窗口选择场景→选"总结汇报"；风格→选"商务"；主题色选"蓝色"；"字体"→选"思源黑体"。

根据需求优化：左边导航栏选择优化大纲、模板替换、插入元素；右边导航栏选择文字设置、形状设置、背景设置、图片设

113

置、表格设置、图表设置等。

完成后，点右上角下载保存为"PPT"格式。

第三步：优化与导出（3分钟精修）

优化技巧

修改文字：

直接点击页面文字→输入内容。

调整图表：

左键点击左边导航栏插入元素，点击图表，可选择柱形图、条形图、折线图、饼图、散点图、漏斗图、仪表盘、象形柱图等样式按需使用；点击右边导航栏图表设置可对选择的图表样式做进一步编辑。

替换图片：

点击图片→右上角三点更多选"替换"（或点击右边导航栏图片设置）→上传本地图片。

导出设置

点击右上角"下载"按钮。

关键设置：可选择下载文件类型为PPT、图片、PDF。

PPT：选择"PPT"（文字可编辑或文字不可编辑）。

图片：选择PNG或JPEG。

确认点击"下载"。

小白避坑指南示例

问题	解决方法
粘贴后格式错乱	检查 DeepSeek 输出是否为标准 Markdown（带 # 标题和列表）
生成 PPT 卡在加载页	刷新页面重试，或拆分大纲为 2 部分分批生成
下载文件打不开	确保导出格式正确或导出查看软件匹配，用 Office 2019+ 或 WPS 打开
图表数据不更新	右键图表→"编辑数据"→手动修改 Excel 表格

高阶技巧

批量换色：点击"设计"→"颜色"→自定义主色色值（如企业 VI 色 #2A5CAA）。

添加动画：选中文本框→点击"动画"→选择"浮入"或"擦除"效果。

导出演讲备注：下载时勾选"包含演讲者备注"→自动生成提词稿。

效果实测：10 页专业 PPT 从 0 到完成仅需 5 分钟，比手动制作快 10 倍！

按此三步操作，新手也能做出媲美咨询公司的 PPT。

DeepSeek+Mermaid（专业图表制作）

DeepSeek + Mermaid 专业图表制作分步指南，只需 2 步即可完成。

第一步：生成图表代码

打开 DeepSeek 官网。

输入示例指令（直接复制修改）：

"用 Mermaid 绘制图表类型，包含具体元素，支持交互功能。如：用 Mermaid 绘制电商订单流程图，包含用户下单、支付、发货节点，支持鼠标悬停显示订单详情。"

替换说明：

图表类型→改为流程图、柱状图、饼图等。

具体元素→如"登录按钮、数据验证步骤"。

交互功能→如"鼠标悬停显示说明""点击展开子流程"。

复制生成代码→ DeepSeek 会输出代码。

第二步：可视化编辑（用 Mermaid 在线编辑器）

打开 Mermaid 编辑器，访问在线工具：https://mermaid-live.nodejs.cn/

粘贴并预览图表：左侧代码区 粘贴 DeepSeek 生成的代码→右侧自动显示图表。

个性化调整：

点击左下方选择"操作"→点击"宽度""高度"调整图片尺寸后，按需下载保存为 PNG 或 SVG 或 KROKI 格式。

效果实测：

10 分钟完成专业级交互图表，比 PPT 手动绘制快 10 倍！

3 内容原子化生产：10倍速创作全攻略

DeepSeek+剪映（视频量产）

DeepSeek+剪映视频量产极简流程，只需4步即可完成从脚本生成到爆款发布的全流程操作。

用DeepSeek生成视频脚本（30秒出稿）

打开DeepSeek官网，登录账号。

输入示例指令（直接复制修改）：

"生成［时长］秒［视频类型］脚本，要求：

包含开场白：［开场白关键词，如"家人们谁懂啊"］

每［时长］秒插入互动指令：如"点赞收藏""评论区扣1"。

结构：痛点引入+解决方案+行动号召

如：生成30秒情感口播脚本，开场白含"家人们谁懂啊"，每10秒插入点赞引导。

替换说明：

［时长］→改为视频时长（如30秒）。

［视频类型］→改为"口播/测评/Vlog"等。

［开场白关键词］→改为你的标志性话术。

［时长］→改为互动频率（建议10~15秒）。

复制输出结果：

DeepSeek会生成结构化脚本。

输出示例：

0~5秒开场白："家人们谁懂啊！这防晒霜居然越用越黑？"（镜头怼脸特写）

5~15秒痛点:"暴晒2小时就脱妆?流汗秒变熊猫眼?"(镜头切换产品特写)

15秒互动:"点赞过500,下期教你们选防晒!"(手指点赞手势)

15~25秒解决方案:"这支XX防晒霜直接封神!成膜快不假白。"(实验室测试画面)

25~30秒结尾:"链接放评论区,晒不黑的姐妹都冲了!"(包装甩向镜头)

剪映自动生成视频(3分钟成片)

打开剪映APP,点击首页"图文成片"。电脑版用户点击"开始创作"→左侧菜单选择"图文成片"。

粘贴脚本→点击"生成视频"→剪映自动匹配素材库画面+AI配音+背景音乐。

关键优化操作示例

优化项	操作路径	参数建议
前3秒吸引眼球	点击开头片段→"替换"→素材库搜索"特写怼脸"	选紧张/惊讶表情
添加光晕滤镜	选中开头片段→"滤镜"→搜索"镜头光晕"	强度调至50%
强化互动提示	在互动语句出现时间点→"贴纸"→添加"手指点赞"动画	调整大小至画面1/3
字幕突出关键词	双击字幕→选中"越用越黑"等词→"样式"→改为红色+放大120%	添加"波浪线"动画

爆款元素强化（借力热门流量）

提取抖音热榜 BGM

手机安装"轻抖 APP"→打开"热榜音乐"→选择 Top10 的 BGM。

点击"播放音乐"→点击"收藏原声"→回到剪映点击"添加音乐"→点击"抖音收藏"找到刚刚收藏的音乐→点击"使用"自动添加到视频。

匹配音乐节奏

选中 BGM 轨道→点击"自动踩点"。

根据节奏波峰调整画面切换点（重点语句对准鼓点）。

生成爆款标题（用 DeepSeek）

返回 DeepSeek 输入，示例指令：

"为防晒霜口播视频生成 3 个带 Emoji 的抖音爆款标题，突出痛点反转，带话题标签。"

输出示例：

越抹越黑？这防晒霜让我白到反光！#防晒避雷

拒绝熊猫眼！流汗狂魔的救命防晒来了。

暴晒 2 小时不脱妆？实验室小哥都惊了！#防晒测评

选择包含 Emoji+疑问/反转句式的标题。

导出发布（关键参数设置）

导出设置

分辨率：1080P（平衡清晰度与文件大小）。

帧率：60fps（安卓机选 30fps 防卡顿）。

码率：勾选"较高"（避免压缩模糊）。

发布时间

工作日：中午 12:00-13:00 或晚 19:00-21:00。

周末：上午 10:00-11:00（流量高峰期参考轻抖热榜时段）。

小白避坑指南示例

问题	解决方案
自动匹配画面不相关	在剪映素材库搜索脚本关键词（如"防晒测试"）手动替换素材
AI 配音生硬	点击"音频"→"录音"自己念一遍→开启"降噪"+"混响"增强质感
视频节奏拖沓	删除非核心画面→点击"变速"调至 1.3 倍→用"闪黑"转场衔接（0.3 秒）
标题点击率低	在 DeepSeek 追加指令："加入数字+冲突词，如'3 个防晒误区毁了你'"或参考本章 3.1 节

效率翻倍技巧

批量生产

DeepSeek 输入："生成 5 个不同痛点的防晒脚本"→复制到 Excel 分批次处理。

模板复用

在剪映保存优化后的工程为"我的模板"或者上传到云空间→下次直接替换素材快速剪辑成片。

数据复盘

发布后 24 小时→用轻抖 APP 做视频检测，分析视频"5 秒完播率"等，根据检测数据优化脚本。

返回 DeepSeek 输入示例："根据数据优化脚本：前 5 秒跳出率 40%"→获取改进方案。

效果实测：

按此流程制作 30 秒视频仅需 8 分钟，比手动剪辑快 10 倍！操作全程免费＋无需专业设备，所有工具均支持手机操作。

DeepSeek+XMind（思维导图）

用 DeepSeek 生成思维导图大纲（30 秒出稿）

打开 DeepSeek 官网登录账号。

输入示例指令（直接复制修改）：

生成关于［主题］的思维导图大纲，层级包含：

主分支：填写 3~5 个核心分类，如"方法/工具/案例"。

二级分支：每个主分支下的子模块。

三级案例：具体例子或说明。

用 Markdown 格式输出（带＃标题和列表）。

如：

生成"时间管理"思维导图大纲，主分支为方法、工具、案例，三级包含"番茄工作法""Trello 使用技巧"。

替换说明：

主题改为你的主题（如"减肥攻略"）。

主分支改为核心分类（如"饮食/运动/心理"）。

三级案例改为具体例子（如"轻断食食谱""HIIT训练计划"）。

复制输出结果：

DeepSeek会生成如下结构化内容。

输出示例：

时间管理

方法

番茄工作法

专注25分钟+休息5分钟

每4轮长休15分钟

工具

Trello使用技巧

看板管理任务进度

设置截止日期提醒

案例

程序员日计划

晨会前完成3个P0级任务

创建Markdown文件（1分钟转换）

桌面右键→新建Word（docx）文本文档→命名为思维导图。

粘贴DeepSeek生成的内容→保存文件。

3 内容原子化生产：10倍速创作全攻略

导入XMind一键生成导图（2分钟美化）

打开XMind软件→新建空白导图。

点击"导入文件"，选择刚保存的思维导图文件→点击"打开"。

点击"导入"自动生成结构化导图（若结构化导图存在层级识别问题，可采取手动调整，即按住鼠标，点击需要调整的框，拖动至相应主题框后，松开鼠标即可）。

高阶技巧

优化导图

点击右上角"显示或隐藏样式及格式设置"，支持改形状、填充颜色、文本、结构及分支样式等。

团队协作

点击右上角"分享"→输入手机或邮箱号邀请协作。

演讲模式

点击右上角"演示"→自动生成分步动画讲解（适合汇报）。

效果实测：5分钟生成专业级思维导图，比手动绘制快10倍！所有工具均免费可用，按步骤操作100%成功！

DeepSeek+Otter（会议管理）

DeepSeek + Otter会议管理，三步极简操作流程，附避坑指南和进阶技巧，确保5分钟完成专业级会议记录。

会前配置（1分钟）

访问官网：https://otter.ai，或在App Store / Google Play搜索

"Otter"。

注册账号（支持邮箱、Google、Apple 登录）。

关键设置：

开启"自动录音"：点击录音机→选择"会议模式"。

会中记录（实时同步）

点击录音话筒按钮开始录音。

录完自动存储（可直接将录音选择更多操作，如完成重命名、剪辑、转格式、导出、移动等操作）。

转文字与标记，点击"去转文字"→点击选择语言（支持常用语言、中文方言、外国语言等多选项）→确认后自动转成文字稿，支持复制、翻译、剪裁和分享（分享音频、导出文字）。

设置关键词标记：

点击"获取关键词"→AI 自动添加触发词（如会议名称、参会人、会议重要、待办、风险点等）。

添加标记（长按文字内容后，再点击"添加标记"按钮，手动标注重点）。

显示设置：更多设置完成显示说话人、显示时间码、合并相同说话人以及字号设置等，提升阅读体验。

会后整理（3分钟出结果）

导出文字稿到 DeepSeek：

在 Otter 中打开会议记录→点击"导出"→选"纯文本 .txt"。

打开 DeepSeek 官网，粘贴全文。

输入处理示例指令（直接复制）：

提取以下会议内容：

决策事项（标注通过/未通过）；

任务分工（明确部门+负责人+截止时间）；

风险点（按技术/资源/合规分类）。

输出格式：Markdown 代码。

自动输出示例

类别	内容	负责部门	截止时间
决策事项	通过新预算方案	财务部	6月20日
任务分工	测试系统兼容性	技术部@张三	6月25日
风险点	合规审核未完成	法务部	需加速推进

一键同步为 PDF：

复制上方 Markdown 文本；

粘贴至 Typora/VSCode 等支持 Markdown 的编辑器；

通过创建 .md 文件并插入表格代码导出。

小白避坑指南示例

避坑指南示例

问题	解决方法
Otter 录音模糊	手机靠近发言人 + 关闭环境音 → 或外接麦克风
DeepSeek 漏提任务	指令中强调"提取所有截止时间"
表格部门分类错误	在 Otter 中提前标注部门（如"@技术部 张工"）

进阶技巧（需结合第三方工具）

以下功能需依赖飞书自动化、Zapier 等工具实现，适合有一定技术探索能力的用户。

自动生成待办提醒

操作：将 DeepSeek 输出的任务列表整理到飞书多维表格中（含任务、负责人、截止时间字段）。

在飞书自动化中设置触发器："当多维表格新增/更新行时"→动作："创建待办事项"（绑定负责人账号），并设置提醒时间（如截止前 1 天）。

效果：任务自动同步到飞书待办，到期前 1 天提醒负责人。

风险预警系统

操作：通过 Zapier 设置定时触发器（如每周一上午 10 点）。

Zapier 调用 DeepSeek API（或手动粘贴任务列表至 DeepSeek）分析任务状态。

若发现截止前 3 天未更新的任务，自动触发邮件通知（通过 Zapier 连接 Gmail/企业邮箱）。

效果：高风险任务自动预警，避免进度延误。

语音指令整合（未来可探索）

操作：Otter 的语音指令目前仅支持基础操作（如"停止录音"）。

若未来 Otter 开放 API 或支持 Zapier 语音触发，可尝试配置"说'总结会议'→自动调用 DeepSeek 处理"的流程。

替代方案：现阶段可手动导出记录至 DeepSeek，或结合飞书语音助手（如"飞书妙记"）实现部分自动化。

实测效果：所有操作均支持手机完成，1 小时会议 5 分钟产出带分工表的纪要，比人工整理快 12 倍！

DeepSeek+Photoshop（图像批处理）

生成脚本（用 DeepSeek）

打开 DeepSeek 官网，登录账号。

输入示例指令（直接复制修改）：

生成 Photoshop JSX 脚本：将图片［功能描述］，参数要求：

图片尺寸：具体尺寸，如：居中裁剪为 800x800 像素或等比例缩放至宽度 800px。

羽化半径：羽化值，如 0.8 像素（需先全选图像）。

输出格式：PNG 或 JPG。

其他要求：如：空白区域填充白色、删除背景杂边。

如：

"生成脚本：居中裁剪图片为 800x800 像素，全选图像后羽化边缘 0.8 像素，删除背景杂边，保存为 PNG 格式。"

替换说明：

功能描述→改为具体操作（居中裁剪/等比例缩放/抠图）。

尺寸→明确尺寸类型（如 1920x1080 或宽度 800px 高度自适应）。

羽化→边缘柔化值（0.5~1.5 较自然）。

复制生成的 JSX 代码→DeepSeek 输出示例（正确代码）。

保存代码文件，正确保存为 .jsx 文件。

复制代码：从 DeepSeek 生成的完整脚本代码（如你提供的示例），全选并复制。

新建文本文件：打开记事本（Windows）或文本编辑（Mac），粘贴代码到空白文件中。

保存为 .jsx 格式。

注意：

若用 Windows 记事本保存，需手动输入完整文件名包括 .jsx 后缀（如：脚本.jsx），否则会存成 脚本.jsx.txt（无效）。

推荐使用 VS Code 或 Sublime Text 等代码编辑器，避免编码问题。

在 Photoshop 中测试运行脚本

单张测试，打开 Photoshop 并载入图片，点击菜单：文件→脚本→浏览，选择你保存的 .jsx 文件（如居中裁剪羽化.jsx），脚本自动执行，生成处理后的图片。

批量处理（图像处理器），文件→脚本→图像处理器，设置输入/输出文件夹，勾选"运行动作"→选择"自定义动作"，√必勾：覆盖动作中的"打开"命令（否则仅处理首张图），点击运行，自动批量处理所有图片。

3 内容原子化生产：10倍速创作全攻略

常见问题解决

常见问题及解决方法

问题	解决方法
脚本报错（如 Error 8800）	复制报错信息→让 DeepSeek 修复→更新代码并重新保存为 .jsx
羽化后边缘有白边	在 DeepSeek 指令中追加："羽化后反选并删除背景杂边"
文件保存失败	检查输出路径权限→避免中文或特殊符号路径
脚本未出现在 PS 菜单	将 .jsx 文件复制到 PS 脚本目录： C:\Program Files\Adobe\Adobe Photoshop\Presets\Scripts\（Win）

高阶技巧

脚本永久安装：

将 .jsx 文件放入 PS 安装目录的 Presets/Scripts/ 文件夹→重启 PS 后，通过文件→脚本直接调用。

组合复杂操作：

用 DeepSeek 生成多功能脚本（如：抠图＋调色＋裁剪），保存为单一 .jsx 文件，一键执行全流程。

效果实测：

所有步骤均支持 Windows/Mac 系统，100 张图片批量处理仅需 2~5 分钟，比手动操作快 50 倍！

DeepSeek+ 闪剪（数字人视频量产）

极简四步流程。

生成口播文案（用 DeepSeek 30 秒出稿）

打开 DeepSeek 官网登录账号。

复制示例指令（修改括号内容）：

生成一段［时长］的［主题］口播文案，

要求：

包含核心卖点：卖点1、卖点2。

风格：幽默、专业、聊天语气。

结尾添加引导话术：如"关注我解锁更多技巧"。

如：

生成"30秒春季养生饮食指南"口播文案，推荐5种常见食物，用聊天语气，结尾引导点赞收藏。

替换说明：

时长→30秒、60秒（30秒约150字）。

主题→"美妆教程、数码测评"等。

卖点→如"防水不脱妆、充电5分钟用2小时"。

复制输出文案：

DeepSeek 生成结构输出示例：

0~5秒开场钩子："姐妹！这粉底液出汗居然越夜越美丽？"（惊讶表情）

5~20秒核心卖点："持妆12小时不斑驳！戴口罩蹭不掉！"

3 内容原子化生产：10倍速创作全攻略

（产品特写）

20秒互动引导："点赞过1000，下期测平价替代款！"（手指点赞手势）

结尾行动号召："链接放评论区，暗沉星人速冲！#美妆好物"（包装甩屏）

配置数字人（闪剪关键设置）

登录闪剪 AI→点击"自由创作"。

选择数字人形象：

自建分身：点击"我的数字人"→"定制数字人"→上传视频（训练视频可直接上传或在线拍摄，拍摄时注意背景和人物妆造，30秒自拍视频克隆形象）→克隆声音（按文案提示朗读10秒左右定制声音）。

使用现成模特：点击智能成片（AI数字人快速成片），选择数字人。

动作表情设置示例

参数	推荐值	效果说明
动作频率	35%	每句自然手势1~2次
微表情密度	1~2次/句	挑眉/微笑增强真实感
口型同步	开启"精准"	避免音画不同步

生成与优化视频（3分钟出片）

现成模特生成视频，导入文案：

粘贴 DeepSeek 生成的文案到闪剪输入文案处。

点击"视频样式"编辑样式→点击保存→点击立即生成。

自建分身生成视频，点击已经训练生成成功的"我的数字人"→"开始创作"→粘贴 DeepSeek 生成的文案到闪剪输入文案处。

编辑样式（添加素材，设置标题和字幕，添加音乐等）→点击预览确认保存→点击立即生成。

画面增强技巧示例

功能	操作路径	参数建议
4K 超分	右上角"画质"→勾选"超清修复"	优先分辨率
动态光斑	"特效"→搜索"光斑"→拖到时间轴	强度调 15%
智能运镜	"镜头"→开启"自动运镜"	选"渐进 + 平移"

批量生成多版本：

点击"批量替换"→输入关键词。

上传 CSV 文件→自动生成 10 条差异化视频。

导出与流量优化（发布必做）

格式选择：

抖音 / 视频号→选竖版 9:16。

B 站 /YouTube →选横版 16:9。

生成爆款标题（用 DeepSeek）→返回 DeepSeek 输入，示例指令：

3 内容原子化生产：10 倍速创作全攻略

"基于这段视频内容生成 5 个带 Emoji 的抖音爆款标题，要求：包含冲突词和疑问句式。"

输出示例：

出汗反而更服帖？这粉底液是焊在脸上了吧！#持妆黑科技

口罩蹭妆？不存在！12 小时实测打脸测评！#油皮亲妈

发布黄金时段：

工作日：中午 12:00-13:00

周末：上午 10:00-11:00

小白避坑指南示例

问题	解决方案
数字人动作僵硬	在文案中插入 / 停顿 0.5 秒 / 给动作留出缓冲时间
4K 导出卡顿	先用 480P 预览→确认无误再开 4K 渲染（节省 3 倍时间）
批量生成失败	CSV 文件用英文命名→避免中文路径报错
标题点击率低	在 DeepSeek 指令追加："加入'逆天''封神'等强情绪词"

实测效果：

5 分钟 / 条：从文案到成片全流程耗时（含批量生成）。

流量翻倍：按此流程制作的视频完播率提升 40%（闪剪官方数据）。

0 成本启动：闪剪新用户送 60 点算力（可生成 60 秒视频）。

更多知识扫码，进入"AI+ 自媒体内容创作增效社区"。

关于魔法袋实操，关注公众号"作家丁玥"后台回复暗号"打开魔法袋"，加入读者专属社群（提供 AI 工具更新简报+在线答疑）。

4

数据炼金术：
用 AI 透视流量密码

4.1 粉丝画像洞察：年龄、兴趣、消费力三维建模

粉丝画像洞察，解锁把数据变成"读心术"的三维密码，教你用 AI 扒开粉丝马甲，看透他们没说出口的欲望。

4.1.1 年龄数据建模：你的粉丝可能在"伪装"

年龄打假指南

很多时候，我们以为的粉丝年龄并不准确。例如，凌晨 3 点用"蚌埠住了"刷弹幕的账号，观看高频内容为"二次元剪辑"，但购买力高于 Z 世代均值，真实年龄可能是 80 后老二次元。

注册年龄 18 岁但活跃时间在深夜 2 点，购物车装高单价护肤品的账号，可能是未成年人使用家长账号。

核心原理

通过设备型号、活跃时间、网络用语判断真实年龄。

操作步骤

数据抓取：

\# 抓取年龄特征数据

age_data=DeepSeek.get_user_features

　　features=［"设备型号""活跃时间段""评论热词"］

\# 年龄伪装风险评分公式（范围 0~1，值越高越可能伪装）

风险评分=（注册年龄系数 ×0.3）+（设备代际系数 ×0.5）+（熬夜指数 ×0.2）

示例：用 iPhone15 的账号凌晨 3 点发 "社畜下班"，标记为伪装 00 后的 90 后职场人假设注册年龄为 18 岁（对应注册年龄系数 0.2，因青少年风险低），iPhone15（近 3 年机型→设备代际系数 0.8），凌晨 3 点活跃（熬夜指数 0.9），风险评分 0.2×0.3+0.8×0.5+0.9×0.2=0.06+0.4+0.18=0.64。风险评分 >0.6 的标记为 "高概率伪装"。活跃时间在凌晨 3 点，这可能暗示用户是工作较晚的职场人，而不是真正的 00 后。"社畜下班" 这个网络用语常见于职场人群，尤其是 90 后，可能更符合他们的自嘲用语。

代际沟通策略

对年轻用户（Z 世代）：用互动性强的社交玩法，如 "梗图开场+弹幕选择题"（"选 A 扣 1，选 B 扣眼珠子"）。

对成熟用户（80 后/90 后）：别卖鸡汤，直接提供实用价值，如 PPT 效率工具、职场生存指南。

4.1.2 兴趣打假：用户说爱学习，身体却很诚实

通过对比用户宣言与行为数据，算法不仅能识别表里不一的兴趣偏差，还能捕捉兴趣热度的衰减轨迹，为内容运营提供动态调节的量化依据。

嘴上不要，数据诚实。

核心原理：用户主动填写兴趣与被动行为数据存在认知偏差。

操作步骤：用户填写兴趣：学习、健身、理财。真实行为：深夜下单炸鸡、观看短视频 3 小时。

兴趣打假公式

javascript

真实兴趣权重计算

function realInterest（claimed，behavior）

  return claimed×0.2+ // 声明兴趣的基准权重

    behavior.watch×0.5+ // 观看行为的强化权重

    behavior.buy×0.3 // 消费行为的验证权重

权重分配逻辑

参数	权重	技术意义
claimed	0.2	用户主观声明的可信度基准（心理学研究表明自我报告存在 20%~30% 的认知偏差）

| behavior.watch | 0.5 | 观看时长/频次等被动行为更能反映真实兴趣（注意力经济的核心指标） |
| behavior.buy | 0.3 | 消费行为是兴趣的强验证信号（金钱投入代表真实需求） |

算法解构示例

claimed_interests=["学习","健身","理财"]

real_interests=analyze_behavior

观看记录=["摆烂文学循环播放3次"]，#→watch=3

深夜消费=["炸鸡订单23:45"]，#→buy=1

屏幕时间=["短视频连续滑动110分钟"]#→watch

=110/5=22（假设5分钟/条）

代入公式计算：

学习兴趣分=1×0.2+（3+22）×0.5+0×0.3=0.2+12.5=12.7

健身兴趣分=1×0.2+0×0.5+1×0.3=0.5

理财兴趣分=1×0.2+0×0.5+0×0.3=0.2

最终真实兴趣排序：享乐型内容（12.7）>健身（0.5）>理财（0.2），与用户声明完全倒置。

兴趣保鲜度监测示例

当监测到"职场干货"出现：

收藏率提高28%（用户仍有获取知识的心理安慰需求）。

转发率下降41%（身体却抗拒传播这类"正确但无趣"的内容）。

算法判定进入兴趣衰退期。

内容转型方案：

Python

生成迁移内容：

new_content=DeepSeek.generate

prompt="根据近期收藏的职场干货，生成 3 个反向 PUA 老板的短视频脚本。"

运营策略：用"00 后整顿职场"替代传统说教，用"反 CPU 话术实战"替代鸡汤文学。

4.1.3 消费力解析：谁是你的高价值用户

核心原理：价格敏感度测试 + 消费行为交叉验证

\# 消费人格判定算法核心逻辑

def identify_consumer_personality（user）:

\# 价格敏感度测试（PST）

price_sensitivity=calculate_price_sensitivity（

   user.response_to_discounts，# 对折扣活动的响应率

   user.avg_purchase_interval# 平均购买间隔

\# 消费行为交叉验证（CBCV）

behavior_pattern=analyze_behavior（

   purchase_sequence=user.purchase_history，# 购买序列分析

cart_abandonment_rate=user.abandon_rate# 加购放弃率

价值分层模型

if price_sensitivity<0.3 and behavior_pattern=='premium':

　　return '高价值用户'

elif price_sensitivity>0.7 and behavior_pattern=='opportunistic':

　　return '价格敏感型'

else:

　　return '潜力待开发型'

消费行为矩阵

消费人格类型	行为特征	数据识别指标	运营策略
拼夕夕名媛	高频小额+偶发奢侈品消费	9.9元订单占比>60%且存在>3000元订单	1.低价引流品+高利润追销 2.推送"限量款"信息
价格刺客	对限时折扣高度敏感	限时活动转化率>普通活动2倍	1.动态定价策略 2.倒计时提示+库存预警
意念消费者	加购/收藏>10次但0转化	加购放弃率>85%	1.触发优惠弹窗(满减/包邮) 2.定向推送KOL使用测评

4 数据炼金术：用 AI 透视流量密码

续表

消费人格类型	行为特征	数据识别指标	运营策略
品质主义者	浏览时长 > 均值 2 倍，复购率高	商品详情页停留时间 > 120 秒且复购间隔稳定	1. 推送材质报告 2. 提供定制化服务
冲动型买家	深夜下单占比 >60%	21：00—次日 2：00 订单占比显著	1. 夜间专属优惠 2. 购物车实时提醒

消费人格鉴定案例

进阶 AB 测试框架（含消费人格维度）

def run_experiment_with_personality（user_segment）：

　　experiment_config＝

　　'A 组'：

　　　'offer'：'299 元课程（送资料包）'，

　　　'target'：['品质主义者'，'高价值用户']，

　　　'metric'：['转化率'，'LTV']

　　'B 组'：

　　　'offer'：'1 元体验课（后续追销）'，

　　　'target'：['价格敏感型'，'潜力待开发型']，

　　　'metric'：['ROI'，'追销转化率']

　　# 动态分配策略

　　if user_segment in experiment_config ['A 组'] ['target']：

```
        return serve_variant（'A 组'）
    else：
        return serve_variant（'B 组'）
```

测试结论验证：

B 组 ROI 高出 230% 的核心原因在于：

价格锚点效应：1 元体验课降低决策门槛。

沉没成本诱导：体验课用户后续追销转化率提升 47%。

行为数据积累：体验课期间采集的学习数据用于精准追销。

风险账户筛查

动态风险筛查 SQL（含时间衰减因子）

```sql
WITH user_risk_profile AS
    SELECT
        user_id,
        SUM（CASE WHEN event_type='收藏'THEN 1 ELSE 0 END）AS 收藏次数,
        SUM（CASE WHEN event_type='购买'THEN 1 ELSE 0 END）AS 购买次数,
        MAX（CASE WHEN event_type='购买'THEN timestamp END）AS last_purchase,
        DATEDIFF（day, MAX（timestamp）, CURRENT_DATE）AS inactive_days
    FROM user_events
    GROUP BY user_id
```

4 数据炼金术：用 AI 透视流量密码

DELETE FROM target_users

WHERE

（收藏次数 >10 AND 购买次数 =0）-- 基础意念消费者

OR（inactive_days>30 AND 购买次数 >5）-- 高流失风险用户

OR（last_purchase IS NULL AND inactive_days > 90）-- 僵尸用户

典型矛盾案例解析

案例：抢购 9.9 元零食的用户次月购买 2980 元演唱会 VIP 票。

数据诊断：

消费场景分离：日常消费（高频低价）VS 兴趣消费（低频高价）。

支付方式差异：零食使用零钱支付，VIP 票使用信用卡分期。

时间模式：零食多在白天购买，VIP 票在 21:30 后下单。

运营策略：

跨品类推荐：在 VIP 票购买后推送高端零食礼盒。

支付引导：针对分期用户推送"积分换购"活动。

时段营销：夜间推送沉浸式娱乐消费推荐。

消费力解析实施路径

价格弹性测试：

阶梯定价实验：同一商品设置不同折扣梯度（如 8 折 /5 折 /3 折）。

监控指标：价格弹性系数 =% 销量变化 /% 价格变化

CLV 预测模型：

客户终身价值预测公式

def calculate_clv（user）：

return（avg_order_value*purchase_frequency*profit_margin）/churn_rate

4.1.4　三维穿透实战：把粉丝变成透明人

数据源整合

年龄建模：设备型号 + 活跃时间 + 网络用语。

兴趣衰减引擎：动态监测兴趣变化趋势。

消费分层策略：

高价值用户：专属客服 + 优先发货 + 新品试用。

价格敏感型：拼团提醒 + 优惠券组合攻略。

潜力用户：智能推荐 + 场景化捆绑销售。

典型数据特征洞察示例

深夜搜索"婴儿车"的男性→可能是新手奶爸，适合推送"科学育儿"课程。

面容支付 + 竖屏偏好→Z 世代内容适配。

密码支付 + 横屏观看→推送怀旧向内容。

数据隐私与合规

地理位置模糊化：如"北京望京 SOHO"可转化为"互联网

从业者聚集区"。

数据脱敏规则：

支付金额→区间映射（如 500~1000 元，不展示具体金额）。

设备品牌→代际划分（如 iPhone15=Z 世代，华为 Mate=职场人士）[①]。

4.1.5　动态运营策略：让用户数据"活"起来

预警响应机制

兴趣标签连续 3 天衰减 >15% →触发内容迁移。

消费层级下降→启动优惠挽留策略。

跨代际运营案例

70 后用户观看偶像直拍→推送 Beyond 怀旧混剪，留存率提高 40%。

精准建模，让粉丝画像更透明。

用户价值模型：

用户价值 = 年龄系数 × 兴趣权重 × 消费指数

三维建模本质是建立动态用户方程式，每天用数据做三件事：

监测兴趣变化：发现"职场干货"热度下降，立刻转向"整顿职场"类内容。

---

① 注：此分类基于消费动机差异，非绝对年龄划分。

优化消费模型：当用户收藏"平替测评"，立即推送低价产品测试转化。

识别年龄伪装：如发现用女儿账号追星的70后大叔，调整内容推送策略。

通过持续优化该方程的参数组合，可实现精准到个体粒度的运营策略。

在公众号"作家丁玥"回复"三维建模"，扫码领《三维建模工具包》：含年龄测试题模板＋兴趣衰减预警表＋消费力探测器。

别被粉丝的"人设"骗了：他们可能在深夜用公司计算机看土味视频，用老婆账号买游戏皮肤，甚至假装00后混进偶像粉丝群……

4.2

爆款预测模型：预判下一个流量风口

用 AI"卡点"流量风口，从"追热点"到"造热点"。

4.2.1 流量密码破译

你以为的玄学爆款，其实是 AI 算好的数学题。

爆款 DNA 检测

可复制基因：所有爆款都藏着重复套路［比如反常识结论，如"空腹运动更燃脂 + 数据可视化"（曲线对比图）］。

过气预警：当某类内容搜索量增速跌破 5%（如"沉浸式化妆"），立马撤退。

跨界传染力：科技博主用"AI 柳叶刀"讲医疗，话题炸穿 10 个垂直圈层。

数据喂养黑科技

每天用 AI 扫荡这些"流量暗网"：

平台热榜前 50（看哪些话题在偷偷爬升）。

竞品爆款评论区（提取获赞 500+ 的高赞神评）。

"微信指数+B 站弹幕"（抓取 00 后造的新梗）。

4.2.2 极简 3 步法：小白也能预判爆款

步骤 1 冷启动：借"大佬流量"卡位

输入行业关键词，让 AI 当你的"预言家"。

示例指令：预测潜力话题 + 行业词。

输出示例：

短期机会："学生党暴瘦食谱"搜索量月飙 182%。

长期趋势：素人教学流量比专家高 3 倍（用户更信"同类逆袭"案例）。

步骤 2 打假伪需求：别被数据骗了

看转化：搜"减脂餐"的人是否真收藏食谱（还是只来评论区找搭子）。

测付费：推 1 元体验课，付费率 >5% 才是真刚需（否则为无效流量）。

防内卷：同类视频完播率跌破 40%？立马换赛道！

步骤 3 暴力测试示例：用 AB 稿打造爆款

测试对比结果

对照组	测试组（优化版）	结果对比
《5 款低卡减脂餐》	《偷师教练冰箱·打工人极简版》	完播率 61% VS 32%
常规封面	封面加"打工摸鱼"表情包	点击率提高 217%

4.2.3 高阶战术：让流量"追着你跑"

跨平台"偷"爆款

把小红书高赞图文（赞藏比>1∶3）改成抖音"9秒反转视频"。

把知乎万赞回答（"如何×××"结构）变成B站"动画说明书"。

节假日"精准卡点"

示例指令："端午节+职场"按时间节点生成爆款内容。

输出示例：

节前15天：《行政必看！端午礼盒采购省钱攻略》。

节前3天：《老板不会说的端午福利真相》。

节后2天：《粽子热量清算·7天急救食谱》。

评论区"挖金矿"

示例指令：扒用户高频提问。

"食材采购痛点"→输出示例：《减脂餐省钱地图》。

"成分替代疑问"→输出示例：《平替测评打假》。

4.2.4 避坑指南：流量风险防控体系

黑天鹅防御系统

用张磊在《价值》一书中强调的"长期主义数据观"对抗黑

天鹅：

设置敏感词库（遇社会事件自动屏蔽娱乐内容）。

常备 3 条"安全话题"视频（防止流量断崖）。

小众领域预警

日均搜索 <1000 的内容，AI 预测误差率超 60%。

医疗美容、金融等敏感赛道，必须叠加人工审核。

道德红线禁区

禁用 AI 预测两性对立话题（平台分分钟限流）。

别想用"青少年焦虑数据"做精准推送（法律风险）。

实战案例

美妆赛道预测验证。

市场信号："持妆"搜索量暴增 120%。

示例指令：生成内容策略。

主攻方向：夏季持妆教程。

差异点：通勤场景实测 + 口罩摩擦测试。

合规提示：禁用"绝对有效"等违规表述。

输出示例执行结果：

视频《打工人地铁战妆指南》播放破 500 万次。[1]

关联散粉带货转化 2300 多件，佣金增长 400%。

---

[1] "地铁战妆"是近年来都市通勤族（尤其职场女性）创造的流行词，指在拥挤地铁环境中快速完成妆容、抵御脱妆，同时保持职业得体形象的技巧集合。它融合了"高效""抗造""隐形精致"三大核心诉求，是打工人应对早高峰通勤的智慧解决方案。

4 数据炼金术：用AI透视流量密码

每日执行清单：数据驱动决策，让AI当你的流量军师。

早8点：用DeepSeek刷《今日爆款潜力榜》。

晚8点：复盘预测准确率（>75%启动批量复制）。

每周五：生成《下周赛道机会热力图》。

> 预测模型本质是风险控制器：它把"赌爆款"的成功概率从彩票级（1%）提升至扑克级（35%），但别迷信预测模型！因为真正的爆款永远藏在人性的弱点里。

4.3
舆情监测系统：
实时追踪品牌声量

用 AI 给内容装上"风险雷达"，把危机变转机，小白也能玩转品牌防护。

4.3.1　风险地图示例：7 大领域"爆雷高发区"

一句话总结

每个赛道都有"说错话就被封号"的风险点！

翻车案例一览

领域	高危场景	经典翻车案例	血泪教训总结
科技	产品评测争议	某博主实测手机发热被起诉	"实测数据" ≠ 免死金牌
职场	课程效果质疑	学员集体投诉简历课"投100份零回复"	用户要的是结果，不是方法论
亲子	安全隐患争议	推荐餐椅导致儿童摔伤上热搜	母婴领域安全红线 ≈ 高压电

续表

领域	高危场景	经典翻车案例	血泪教训总结
美妆	成分争议	某博主推荐"天然"面膜被扒含激素	"温和"不能替代"检测报告"
金融	投资建议误导	理财课"稳赚策略"致用户亏损	金融承诺 = 法律雷区
教育	保过承诺纠纷	"30 天雅思 7 分"课程被集体维权	知识付费 ≠ 结果担保
美食	食品安全事故	探店餐厅后爆出后厨卫生问题	味觉体验 ≠ 卫生背书

行业禁忌清单

科技领域禁用"吊打""完爆"等对比性表述。

职场领域规避"保证入职""100% 加薪"等承诺。

母婴领域禁止"绝对安全""亲测有效"等主观断言。

美妆领域警惕"医用级""零过敏"等违规宣传。

金融领域远离"稳赚不赔""内幕消息"等敏感词。

教育领域慎用"保过""必考原题"等诱导性话术。

美食领域禁用"独家秘方""绝对卫生"等绝对化描述。

4.3.2 实战工具箱：AI 帮你"拆炸弹"

场景 1：职场博主被骂"课程没用"

危机类型：知识付费效果争议。

示例指令：生成危机应对方案。

问题描述：用户质疑课程实用性（简历修改课无效）。

输出示例：

即时行动：24小时内直播演示课程核心方法（示例：用用户简历现场修改并展示优化逻辑）。

信任修复：评论区置顶"7天无条件退款+学习效果问卷"链接，承诺根据反馈迭代课程。

价值证明：生成《HR认证的简历致命错误》PDF，附带真实案例对比图，免费开放下载。

结果：32%投诉用户购买进阶课（反向带货成功）。

场景2：旅行博主"攻略过时"被群嘲

危机类型：信息时效性争议。

示例指令：生成危机应对方案。

问题描述：攻略内容失效导致用户体验受损（景点关闭/路线错误）。

输出示例：

证据澄清：抓取景区官网/旅游局最新公告截图，制作"信息更新时间轴"评论置顶原视频。

紧急止损：在新视频进度条添加3处"高危提示"弹幕（如02:15处弹幕：2025年此入口已封闭）。

流量转化：基于用户投诉地域数据，生成动态更新的《2025实时避坑地图》（含交通/门票/开放状态）。

成果：旧流量变新爆款，旧视频播放量回升57%，新攻略周涨粉2000+。

4.3.3 监测系统设置：给账号穿"防弹衣"

基础版预警示例（适合新手）

操作路径：DeepSeek 后台→舆情监控→基础设置。

监测对象：账号昵称＋核心产品名称（如"××简历课"）。

预警词库：植入"骗局／无效／举报／律师函"等高风险词。

触发机制：实时弹窗预警（含夜间紧急提醒功能）。

高手进阶版示例（万粉必装）

功能	职场领域配置	家居博主配置
竞品监控	跟踪同类课程差评关键词	监测"甲醛超标／家具开裂"相关讨论
情绪识别	抓取"割韭菜／智商税"等负面情绪词	预警"质量差／售后差"等投诉类表述
合规扫描	排查"虚假宣传／过度承诺"表述	过滤"三无产品／安全隐患"指控

4.3.4 翻盘案例：把危机变"涨粉密码"

案例：科技博主"续航测试翻车"自救术

事件：笔记本续航测试被指造假。

示例指令：生成翻盘方案。

问题类型：测试被指造假。

输出示例：

发起12小时连续直播实测（吸引3万多位观众监督）。

生成《测评误差对照表》主动披露误差范围（建立透明化形象）。

举办"全民测评挑战赛"（用户投稿可获设备奖励）。

成效：事件话题播放量破500万次，单周涨粉2万多人，厂商主动送测新品。

4.3.5 舆情防御体系：构建"三级防护"

话术防御机制

平替法："嫌××贵的家人，试试这个省80%的野路子……"

免责声明："效果因人而异，建议先小范围测试。"

争议转化："关于××的讨论我都看到了，今晚8点直播间摊开说。"

应急响应机制

危机响应时间轴：

黄金1小时：完整截图取证（包括已删评论）。

1~3小时：全平台发布初步声明（"文字+视频"双版本）。

12小时底线：公布解决方案（退款、补偿、服务升级三选一）。

实时监测体系

每天花5分钟看《AI日报》。

4 数据炼金术：用 AI 透视流量密码

每周做 1 次模拟危机演练。

每月更新 1 次关键词库。

不同博主必备监测模式示例：

知识博主：开启"论文查重级"监测（防知识性错误）。

带货博主：安装"质检警报器"（防产品翻车）。

Vlog 博主：配备"地图更新雷达"（防攻略过时）。

> **敲黑板**
>
> 别等被骂上热搜才行动：
>
> 现在就用 DeepSeek 配置监测系统；
>
> 让内容穿上"金钟罩"；
>
> 把风险扼杀在"已读未回"阶段！

4.4
ROI 分析仪：
广告投放效果智能诊断

花 100 元广告费到底赚回多少钱？这节不教复杂公式，用真实案例拆解小白也能看懂的广告体检报告，让你一眼看清哪条广告在偷偷烧钱！

4.4.1 广告体检单：扒开数据的"美颜滤镜"

带货博主的"真实账单"

案例：母婴博主推 199 元儿童书包，广告费 5000 元卖出 83 单

示例指令：广告投放诊断报告。

好信号：评论区 200 多条"求团购"（复购潜力爆棚）。

致命伤：70% 点击链接的人没付款（价格敏感度预警）。

优化方案输出示例：

加推 99 元迷你款（引流款，降低决策门槛）。

4 数据炼金术：用 AI 透视流量密码

私信要链接的送 10 元券（精准转化犹豫用户）。

弹幕飘过"已抢光"倒计时（制造紧迫感）。

结果：3 天后复购率提升 40%，ROI 从 1.2 飙到 2.8。

知识博主的"隐形金矿"

案例：职场博主卖 PPT 课，广告费 3000 元卖出 45 份（ROI 1.5）

示例指令：挖出隐藏价值。

输出示例：

23 人咨询简历修改（潜在客单价提升 300%）。

38% 学员复购进阶课程（长期价值是短期收益的 2 倍）。

真相：真实 ROI 从 1.5 提升到 3.2（需计算用户生命周期价值，别被表面数据骗了）。

本地商家的"点赞骗局"

案例：火锅店投 99 元团购，1.2 万次点赞仅核销 19 单

示例指令：分析数据差原因。

输出示例：

65% 观众在外地（无效曝光，看得到吃不到）。

热评用户多为表情包爱好者（非目标客群）。

教训：别被"虚假繁荣"蒙眼，用 AI 筛本地精准流量定向投放。

161

4.4.2 四步极简分析法：把广告费变成"印钞机"

步骤 1　数据"拍 CT"

示例指令：分析数据生成多模态内容广告投放效果真实排行榜（拖入广告后台数据）。

输出示例：

渠道排行榜：短视频、图文、直播谁是真王者。

烧钱刺客榜：哪些时段投流贵但转化差（如凌晨投职场课）。

步骤 2　投喂指标"说人话"

平台话术一览

平台黑话	人话翻译	行动密码
CPM（千次曝光成本）	让 1000 人看到要花多少钱	超 5 元？立刻优化素材
CTR（点击转化率）	100 人点链接几人下单	低于 2%？重写卖点

步骤 3　跨平台"抓内鬼"

案例：家居博主抖音 ROI 1.8（看似亏），小红书 ROI 3.2（看似赚）

示例指令：对比投流效果（拖入广告后台对比数据）。

输出示例：

抖音引流客户复购率是小红书的 3 倍。

小红书流量多是"只逛不买"党。

结论：合并计算全平台 LTV（用户终身价值）。

步骤 4　自动"调水温"

示例指令：自动执行止损策略。

输出示例：

当 ROI<1 时，系统自动：

降价 50% 清库存。

替换点击率小于 0.5% 的素材。

向老客户推送专属折扣。

4.4.3　行业急救包案例：ROI 逆转实战

案例 1：教育博主"零转化"抢救术

症状：课程广告播放量 10 万次，0 人下单。

示例指令：失败广告逆袭办法 + 症状。

输出示例：

把 9.9 元试听课改版为《3 大学习误区破解指南》免费分发。

播放量达 500 次触发《学霸笔记模板》领取弹窗。

成效：3 天转化 200 多名付费学员。

案例 2：酒店推广"高赞低效"破解

病症：推广视频点赞 1 万次，预订量个位数。

示例指令：扭转低转化 + 病症。

输出示例：

筛选近期机票搜索用户。

推送"暗号'冲'立减 200"活动。

战绩：3 天核销 83 单，ROI 从 0.7 提升到 2.4。

4.4.4 防坑指南

伪增长信号

案例：抽奖视频高互动低转化。

对策输出示例：设置"点击商品页"为抽奖前置条件。

节假日陷阱

例如，春节投教育产品。

对策输出示例：抓住黄金时段投放，比如——

职场课：周日晚上（周一焦虑症发作期）。

亲子产品：工作日下午（隔代育儿时段）。

跨平台适配陷阱

错误操作：小红书爆文直接搬运抖音。

正确操作输出示例：

图文改竖屏视频（加进度条和弹幕）。

硬广包装为体验测评。

4.4.5 小白"救命"三件套

3 秒自测表

ROI 健康线：>100%（利润 > 成本）；

ROI 止损线：<100%（利润 < 成本，抓紧优化）；

ROAS 病危线：<100%（总收入 < 成本，立即停投）。

4 数据炼金术：用AI透视流量密码

行业 ROI 基准参考

赛道	及格线	优秀线	印钞机线
知识付费	1.5	2.8	4.2+
本地生活	1.8	3.2	5.5+

24 小时智能止损指令

示例指令：生成优化方案。

现状：投 2000 元 ROI 0.6。

要求：不增预算 + 用现有素材。

输出示例：

改投早 7~9 点通勤时段。

植入"最后 50 席"倒计时弹幕。

敲黑板

从今天起懂得用数据驱动决策！（重要的话再说一遍）

每日必修课：

早 9 点：查看昨日投放诊断报告。

下午 3 点：领实时优化建议。

晚 8 点：生成明日投放方案。

用 AI 给每分钱装上 GPS，让投入的 100 元带回 300 元！

这正是 Peter Thiel《从 0 到 1》"幂次法则"的现实演绎：通过 ROI 分析剔除 99% 低效投放，集中火力攻击那 1% 能带来百倍回报的黄金广告位。

附公式：

ROI（投资回报率）的核心计算公式：

ROI=（广告带来的总收入−广告总成本）/广告总成本×100%

例如：

某带货博主投广告费5000元，通过广告卖出商品获得16517元收入（83单×199元/单）：

ROI=（16517−5000）/5000×100%=230.34%

即每投入1元广告费，赚回3.3元（含成本）。[①]

ROAS（广告支出回报率）计算公式：

ROAS= 广告带来的总收入/广告总成本×100%

示例：投入1元广告费，带来3元收入，ROAS为300%。

与ROI区别：ROAS不扣成本。

---

① 投入的广告费获得了230.34%的净利润回报率，即每投入1元广告费，赚取2.3元净利润（不含成本）

用 AI 制定月度运营策略
——3 步极简法，让下个月的你感谢现在的自己

任务说明

目标

使用 DeepSeek 完成下个月运营策略规划，需包含：

粉丝增长目标（量化指标）。

内容排期表（结合热点日历）。

风险预警方案。

工具：DeepSeek+ 任意思维导图工具。

耗时：≤ 20 分钟。

5 步极简法

步骤 1　粉丝画像诊断

示例指令：分析账号粉丝画像。

要求：

输出年龄、性别、地域分布。

列出最近 30 天互动率 TOP3 内容类型。

预测下月潜在兴趣标签（基于行业趋势）。

输出示例：

生成的粉丝画像报告，并用一句话总结核心受众特征（示例："25~34 岁女性，二线城市，对性价比护肤攻略上瘾"）。

步骤 2　爆款内容预埋

示例指令：生成下个月热点日历。

要求：

覆盖我的行业（教育、美妆、科技等）。

标注平台（抖音、小红书、B 站）。

每个热点提供 3 个选题方向。

输出示例：生成选题表格。

选取 3 个重点热点，填写对应选题（参考格式）

热点日期	热点名称	选题方向 1	选题方向 2
6.18	"6·18"购物节	《预算 500 如何薅秃大牌？》	《这些赠品比正装还值！》

步骤 3　舆情防御部署

示例指令：建立舆情监测系统。

要求：

监控关键词：我的品牌名 + 竞品名 + 行业高危词。

每日生成危机指数评分（0~10 分）。

4 数据炼金术：用 AI 透视流量密码

发现风险自动推送预警模板。

输出示例：设置完成的监测面板，并写出你认为最需警惕的 3 类负面舆情（示例："价格争议""质量投诉""虚假宣传指控"）。

步骤 4　ROI 作战推演

示例指令：模拟下月广告投放方案。

输入：

预算：_____元。

主投平台：_____。

目标：涨粉、转化、品牌曝光。

要求输出：

各渠道预算分配建议。

点击率、转化率预估。

盈亏平衡点分析。

输出示例：生成广告投放预算分配表格。

填写你的预算分配决策（示例）

渠道	投放金额	预期涨粉	预期 GMV
抖音千川	5000 元	3800 人	12 万元

步骤 5　人机协同"微调"

用人类智慧做 3 件事：

加私货：插入你的独家资源（如行业峰会嘉宾身份）。

改人设：把 AI 生成的"专家体"改成你的口头禅（如"宝子们"）。

埋钩子：在关键节点设置粉丝互动（如儿童节抽奖送定制周边）。

作业提交：

将以上 4 部分内容整合为 1 份 PDF 文档（不超过 5 页）。

重点标注：你认为 AI 建议中最惊喜或最离谱的结论各 1 个。

命名格式：姓名/团队名+《AI月度运营策略报告》+日期。

完成后在公众号"作家丁玥"回复"月度运营"，扫码进群领取《AI+ 人工：月增长飞轮工具包》(内含：策略模板 + 爆款素材库 + 增长案例库，助你把策略直接变成结果)。

（记住：好策略的核心不是完美，是快速试错。）

5

个人IP孵化器：
从0到1打造超级个体

5.1
人格化账号塑造：
定位 + 人设 + 内容矩阵设计

人格化账号不是贴标签，而是让用户觉得屏幕对面是他"忍不住 @ 朋友来看"的人。

5.1.1 定位：避开内卷赛道的 3 个狠招

反内卷定位法

根据 Simon Sinek 的《从为什么开始》的黄金圈法则，顶级 IP 都从核心价值主张出发，从而成就账号价值。

案例对比

普通博主	反内卷玩家
日更艺术史讲解	@ 意公子："用八卦体讲庄子" 单条播放破亿（艺术 + 故事化破局）
常规旅行 Vlog	@ 房琪 kiki："诗意化文案 + 电影级运镜" 央视认证"文旅传播新范式"

续表

普通博主	反内卷玩家
同质化荐书	@赵健的读书日记："冷门书策展人＋微型剧场化叙事"单条播放4000万、带货千万

跨界定位模板

原领域	叠buff术	新定位案例
财经	＋生活美学	吴晓波频道《把财报写成散文》
文学	＋管理哲学	冯唐"成事学"标签（CCTV《对话》专访）

5.1.2 人设：用"肉眼可见的'缺点'"让人记住

差异化人设要素

要素	常规操作	人格化玩法（案例）
视觉符号	固定记忆锚点	罗振宇跨年演讲红沙发（知识IP符号）（《人民日报》评"知识跨年开创者"）
内容禁忌	无	雀巢8次方"MBTI人格盲盒"冰淇淋包装随机印MBTI字母＋网易云乐评，拒绝"口味营销"，将产品转化为"人格社交货币"（首月话题量超200万）
互动习惯	统一回复模板	闪电制片厂"日更式思想实验"每日聚焦单一社会痛点（如职场焦虑、消费陷阱），用1分钟极简对话制造"认知过山车"，用户养成追更习惯

续表

要素	常规操作	人格化玩法（案例）
口头禅	"感谢支持"	城市吉祥物"豆豆"按场景切换口头禅： 雪季："摔屁墩儿？不存在的！"（配滑雪摔倒慢动作） 节庆："铁锅炖自己？安排！"（配跳入温泉动画） 方言梗带动文旅联名产品销售额增长300%； 抖音话题#豆豆口头禅挑战 播放量破1.2亿

人设崩塌急救术

案例：@慧慧周正能量剧情被质疑"过度美化"。

矫正方案：

推出《真实人间观察》系列（央视网转发）。

联合妇联制作反家暴公益短片。

结果：抖音单条涨粉200万人。

5.1.3　内容矩阵：让用户"追剧式"刷你的号

防疲劳排兵布阵

内容类型	案例	主流背书
流量型	@疯狂小杨哥"反向带货"	《中国青年报》评"娱乐化电商创新样本"
信任型	央视"三农"×张同学《乡村守护人》	入选国家广电总局典型案例
转化型	东方甄选"文化带货"	《新闻联播》报道助农成果

续集生产流水线：

案例：@朱铁雄"国风变装"系列

首条爆款：凭借"年轻人化身为齐天大圣孙悟空，只为守护患病孩童梦想"的变装视频迅速走红

续集模式：

以"国风+叙事+变装"的形式，累计创作30余件作品，获千万级粉丝量。

5.1.4 人格化外挂工具包

人格化检测器：

@李子柒案例检测：

文化符号值★★★★★（CNN评选的"影响世界的中国博主"）。

高危预警：商业合作需保持"手工原生态"一致性。

人格化外挂工具包五大组件

组件	核心功能	李子柒运用案例	操作关键
文化符号定位器	锚定差异化文化标签，承载价值观内核	聚焦"东方田园美学"（采菊东篱、古法手作），将"农村女孩"身份升维为反工业化精神图腾	从用户情感缺口切入（现代人对快节奏的疲惫→慢生活向往），符号需具象可感知（柴火灶、竹编器具）
视觉符号系统	建立强识别度的视听语言体系	红衣薄纱+发髻朱砂形象；四季农田延时拍摄；古筝配乐+四川方言	所有符号服务于文化定位（禁用影棚破坏自然感）；动态迭代技能主题（美食→造纸→蜀绣）

5 个人IP孵化器：从0到1打造超级个体

续表

组件	核心功能	李子柒运用案例	操作关键
内容生产机制	将人格特质转化为可持续内容模板	"累但美"叙事结构：背篓上山（累）→制作器物（美）→与奶奶分享（升华）；15分钟视频含300+镜头	设计可复制公式（问题—古法解决—情感收尾）；用技术强化真实感（微距拍食材纹理）
用户互动策略	构建情感共同体，激活深度认同	奶奶角色塑造"老有所养"理想；邻里互赠食物；方言回复评论证实"真实农女"身份	设置情感投射对象（老人/宠物）；限制商业互动频率（维护"非功利"人设）
商业转化路径	在人格信任链中嵌入变现模块	自有品牌"李子柒"只推手工皂、茶叶等传统工艺强关联产品；视频中自然使用宜家餐具盛装自制食物	建立合作过滤清单（拒接机械化量产品牌）；用内容反哺产品（茶叶视频上线当日销量增加237%）

工具包运用三步法（李子柒验证版）

步骤	操作说明	李子柒案例
诊断人格基因	通过舆情分析锁定用户核心认知词	锁定TOP3用户认知词：田园/手作/治愈
设计风险防火墙	针对人格化IP的高危场景建立防御机制	风险类型：人设崩塌（手工标签被破坏）→防御机制：商业合作原生态一致性条款（拒接预制菜广告） 风险类型：审美疲劳→防御机制：每季新增传统技艺主题（美食→造纸→蜀绣）

续表

步骤	操作说明	李子柒案例
启动裂变引擎	激发用户自发传播行为,将人格符号转化为圈层密码	用户自发翻译视频至28种语言("东方美学"普世化);YouTube粉丝超千万,覆盖全球文化壁垒

工具包本质:五大组件构成闭环系统——文化符号定位器定义灵魂,视觉符号系统塑造感知,内容生产机制输出价值,用户互动策略沉淀信任,商业转化路径实现可持续。

运用三步法,则是从诊断到防御再到传播的标准化操作链,确保人格化IP在规模化中不失真。

> 顶级人格化账号都符合"反差点×场景化×技术杠杆"法则。
>
> 口头禅比slogan更有用,缺点比完美更真实,系列内容比单篇爆款更长寿。
>
> 用户不会粉一个账号,但会爱上一个"嘴毒心软、有血有肉"的电子朋友。

5.2

爆款课程工厂：
知识体系→课程大纲→逐字稿全自动

教人赚钱的课程自己最赚钱，但 99% 的人卡在"有货倒不出"。现在就用 DeepSeek 打通知识变现流水线，小白也能 3 天做出爆款课程。

5.2.1 知识榨汁机：把碎片经验变体系化内容

知识萃取方法论

案例：穿搭博主想卖搭配课，但只有 100 条零散视频。

示例指令：构建知识体系。

输入：

100 篇视频文案（从"小个子穿搭"到"通勤装避雷"）。

用户核心痛点："为什么我穿不出你这种效果？"

输出要求：

结构化知识框架。

场景化解决方案。

视觉化对比案例。

输出示例：

核心心法：个人风格定位公式（附体型测试工具）。

场景方案：约会、职场、出游场景穿搭指南。

避坑图鉴：素人改造实录（土味 VS 高级对比图）。

跨界知识重组示例

博主类型	野生知识库	课程产品（AI 重组）
职场博主	升职话术库 + 向上管理案例	《高情商沟通 21 天训练营》
家居博主	空间改造 100 坑 + 避雷指南	《租房爆改实操手册》
育儿博主	情绪安抚 50 招 + 急救方案	《妈妈不吼叫挑战计划》

5.2.2 课程大纲生成：AI 比你更懂用户想学什么

生成课程大纲

示例指令：输入"小红书起号"。

输出示例：

第一章《重新定义起号：90% 的人第一步就错了》。

反常识 1：新号前 3 天别发内容（要"养号算命"）。

反常识 2：千粉账号比万粉更好变现（附平台算法解析）。

撒手锏：扫码领"账号体检表"（钩住潜在学员）。

底层逻辑：用户不为知识买单，为"颠覆认知"和"马上能用"买单。

防睡着的课时设计示例

平台	最佳姿势	AI 作弊技巧
抖音	3~7 分钟 / 节	每 30 秒插入梗图（防跳出）
小红书	1000 字图文 +10 分钟视频	章节标题带表情符号（信息炸弹）
私域	20~30 分钟 / 节	每节课结尾 @ 助教查作业（强监督）

5.2.3 逐字稿全自动：把大纲变成人话

去 AI 化表达模板示例

场景	机器味表述	人类版改造
知识点讲解	综上所述我们可以看出……	我当初用这招，3 天涨粉 1 万……
案例引入	例如某用户案例表明……	学员 @ 小王上周刚靠这方法……
转化引导	建议购买系统课程……	你现在学的只是冰山一角，我的付费学员已经……

智能润色指令

示例指令：生成逐字稿《爆款标题的 5 种写法》。

要求：

每 200 字插入互动提问："你们现在想到什么案例？评论区告诉我。"

关键数据用口语化表达（如"播放量从 500~5 万次"改为"直接翻了 100 倍"）。

加入 3 处个人经历："我上年帮学员改标题，3 天出了 10 万赞爆款。"

输出效果：完课率提升 58%，像闺蜜聊天一样讲干货，学员直呼"好像偷看了我的脑子"。

5.2.4 多领域验证案例

教育领域：3 天产出一门新课

痛点：知识点太散，学员觉得不值 299 元。

示例指令：优化课程 + 痛点。

输出示例：

用思维导图模式整理知识体系。

生成"学完就能接单"的实战模块。

插入学员赚钱案例（自动替换人名 / 金额）。

成果：课程复购率提升 65%。

科技领域：把技术文档变小白课程

痛点：代码教程太硬核，用户听不懂。

示例指令：优化课程 + 痛点。

输出示例：

用"奶奶都能懂"模式重写逐字稿。

把代码演示改成"点外卖攻略"类比。

加入"技术指南"彩蛋（教用户秀专业术语）。

数据：完课率从 12% 飙升至 78%，课后作业提交率翻 3 倍。

商业领域

标杆案例：私域流量专家肖厂长 2025 年通过 DeepSeek 实现：

每日抓取 100+ 爆款选题。

AI 数字人自动生成课程视频。

20 天打造千万播放课程体系。

5.2.5 课程质量保障体系

防差评自检表

检查点：有没有说"包赚""百分之百有效"。

替代话术："用过的学员最高赚到 × 元。"（附截图）

法律免责声明自动植入。

AI 课程医生

课程诊断。

示例指令：做课程诊断 + 逐字稿 + 学员评价。

输出示例：

知识点密度预警（>3 个 / 分钟标红）。

逻辑漏洞检测（矛盾点标记）。

敏感词替换建议（"最有效"→"实测有效"）。

法律防火墙

高危点：

示例指令：避免法律风险。

输出示例：

使用网络图片替换为 AI 生成图。

提及竞品改为"某平台/某品牌"。

免责声明模板：

"效果因人而异，请结合自身情况调整"（自动插入每节课片尾）。

用 DeepSeek 搭建课程自动生产线：

每日抓取爆款选题更新知识库。

每周生成 3 版课程大纲 A/B 测试。

每月优化逐字稿"人味指数"。

> 敲黑板
>
> 好课程是改出来的，AI 帮你改得更快。
>
> 保留 10% 人工干预区（加个人故事/口头禅）。
>
> 在目录页埋"什么！这个课敢收费"的答案。
>
> 用户不为知识付费，为"颠覆认知的爽感"和"马上赚钱的幻觉"付费。

5.3
私域流量池：
朋友圈文案＋社群SOP+裂变活动

5.3.1 朋友圈文案：让广告变成追更的电视剧

不同领域爆款模板示例

行业	模板公式	案例（家居博主版）
教育	痛点＋反常识反转＋钩子	别再逼孩子背单词了！用这招每天偷1小时（附攻略）
本地	冲突事件＋神操作＋福利	客户说我装修贵？直接带他看建材市场！抽1人免单
知识	数据炸街＋幕后揭秘＋倒计时	1条朋友圈带来87个咨询？截图教你怎么写，今晚删

防屏蔽发圈日历

职场博主发圈示例：

07：00 学员逆袭："专科生靠这份简历进大厂。"（配聊天截图）

185

12:00 干货预告:"3 个 HR 绝不会说的简历潜规则。"

19:00 进度播报:"最后 9 个优惠名额,手慢无。"

23:00 深夜走心:"那些不敢投简历的夜,我都懂。"

小白急救包

输入高频问题秒变追剧脚本:

示例指令:"总被问课程有没有用。"

输出示例:

"昨天 23 人退款?不!是 0!但有学员退费理由气哭我:学完工资涨太快,同事排挤我。"

5.3.2 社群 SOP:让用户自己帮你运营的秘诀

防死群三件套示例(设置自动管家)

早 8 点发日报:行业干货或八卦 + 毒舌表情包

关键词触发:

用户发"好累"→推送《打工人摸鱼指南》。

用户发"推荐"→发送《升职话术库》。

每周五搞事情:话题讨论"你见过最离谱的职场 PUA"。

各行业促活方案示例

领域	周一	周三	周五
美妆	素颜打卡领小样	翻车现场评选	直播教改妆
教育	晒书桌抽学习基金	难题接龙答疑	学霸时间表拍卖
家居	改造前后对比征集	好物互换市集	设计师在线改图

5.3.3 裂变活动：让用户拉人比你更积极

低成本裂变公式示例

示例指令：生成裂变方案。

目标：职场资料包引流。

输出示例（裂变规则）：

转发海报到 200 人以上群领《面试话术库》。

拉 3 人加好友解锁《谈薪秘籍》。

前 10 名完成送 1v1 简历诊断（饥饿营销）。

各领域诱饵设计示例

行业	免费诱饵	高价值奖品
亲子	《儿童急救手册》	儿科医生在线问诊名额
科技	《AI 工具清单》	内部测评数据 + 代金券
旅行	《避坑地图》	当地导游联系方式

防封号注意事项

敏感词替换示例：

"免费领"→"限量开放"。

"扫码加好友"→"点击蓝色字体"（如"官方入口"）。

多链路分流：准备 3 套海报与话术交替使用。

5.3.4　跨领域实战案例

案例 1：教培老师私域裂变

困境：朋友圈只有广告无人互动。

示例指令：吸引互动 + 困境描述。

输出示例：

把课程知识点拆成"每日 1 题"互动。

发起"错题本漂流计划"（需邀请 3 人解锁）。

用学员高分成绩单做九宫格海报。

成果：30 天引流 2300 人，转化率 19%。

案例 2：家居博主社群变现

困境：社群成员只领福利不消费，变现困难。

示例指令：分层运营 + 精准变现 + 困境描述

输出示例：

免费群：户型优化建议（引流）。

VIP 群：软装方案 + 商品链接（转化）。

铁粉群：接线下改造订单（高价）。

数据：客单价从 89 元提高到 6800 元。

案例 3：本地餐饮私域激活

困境：顾客沉默，复购率持续走低。

示例指令：激活沉默顾客 + 刺激复购 + 困境描述

输出示例：

发朋友圈猜谜:"后厨最忙的时间是?"

从评论区抽免单到要求晒图 + 带定位。

组建"霸王餐小分队"每周试新品。

效果:复购率提升 47%,拉新成本降低 80%。

5.3.5 私域体检中心

健康度自测表

达标项:

朋友圈点赞率超 5%。

社群日活超 20%。

裂变 ROI 超 3。

报警项:

3 天没冒泡的群超 5 个。

用户提问超 2 小时未回。

各行业 SOP 模板库示例

领域	早间操作	晚间收割
职场	《晨会保命话术》	《升职案例拆解直播》
美妆	《快速出门妆教程》	《瑕疵皮救星测评》
教育	《错题本整理技巧》	《学霸家长闭门会报名》

违规急救指令示例

示例指令:处理投诉 + 场景:用户举报朋友圈过度营销。

输出示例：

立即停发广告3天。

改为"分享行业段子＋用户故事"。

私信投诉者送定制礼品。

用 DeepSeek 搭建私域自动运营系统：

每日生成《朋友圈选题库》(含30条备选内容)。

每周优化《社群 SOP 流程》(A/B 测试3版话术)。

每月策划《裂变升级方案》(更换诱饵＋奖励机制)。

> 别把用户当数据，把他们当成"追你朋友圈更新的剧迷"。
>
> 顶级私域运营法则：真实人设（生活化内容＞硬广）×精准触达（标签分层）×游戏化裂变（任务奖励）。
>
> 用户不为广告买单，为"参与感"和"特权感"买单。
>
> 让 AI 把流量变留量，这才是私域流量的正确打开方式。

5.4
数字分身系统：
7×24小时自动维护粉丝关系

数字分身不是冷冰冰的机器人，而是另一个"你"——能记住粉丝的生日、接住深夜 emo 的倾诉，甚至在你睡觉时促成订单。正如刘润在他的《商业洞察力》书中所说的"流量改变存量，存量改变世界"，数字分身正是把瞬间流量转化为长期用户关系的智能引擎。

5.4.1 基础设置：5分钟创建"另一个你"

多平台分身配置示例

平台	核心操作	小白神操作（像配充电器一样简单）
微信	自动通过好友+打标签	绑定工作号→设置欢迎语→同步聊天记录
抖音	智能回复评论+私信转化	关联企业号→设置商品关键词回复

续表

平台	核心操作	小白神操作（像配充电器一样简单）
小红书	精准触达 + 用户分层	建立高价值用户识别模型→配置定时福利推送

人设克隆 3 步法

示例指令：克隆人设。

输入你的"灵魂素材"：

语言特征库：10 条典型社交动态（提取表达习惯）。

行为特征库：3 段直播回放（捕捉互动风格）。

知识特征库：粉丝整理的"内容精华合集"。

输出示例：

人格相似度检测：92%（基于语义风格匹配算法）。

禁忌词过滤库：自动屏蔽非常用话术。

应急响应策略：触发敏感问题时启动预设话术。

5.4.2 核心技能：分身比你更懂粉丝

情感化互动场景示例

粉丝行为	科技领域分身操作	亲子领域分身操作
深夜留言"好焦虑"	看到你 3 天前收藏过 Python 教程，试试这个 5 分钟解压小项目	宝宝睡了吗？这份《夜醒安抚指南》马上发你
多次点击商品未下单	上次你说考虑显卡性能，这份对比图发给你参考	这款辅食机支持 30 天试用，需要预留吗

续表

粉丝行为	科技领域分身操作	亲子领域分身操作
生日当天访问主页	自动私信"送你一份代码礼包"	发送"宝宝生日蛋糕DIY教程"

精准需求预判示例

教育博主：

识别粉丝反复观看"作文技巧"视频，推送《中高考满分范文库》。

家居博主：

发现用户收藏"小户型"内容，自动邀请加入《租房改造陪跑群》。

自动成交系统示例

当粉丝行为满足：

观看商品视频≥3次。

停留时间>1分钟。

曾咨询价格自动触发"库存告急！最后5件专属价"。

5.4.3 跨领域实战方案示例

美食领域：夜间经济转化

触发场景：凌晨2点观看螺蛳粉视频。

示例指令：分身行动链+场景。

输出示例：

自动回复："下单即送酸笋加倍包"+团购链接。

193

次日早 8 点跟进:"螺蛳粉到货提醒!搭配这份解辣攻略更好吃。"

成果:夜间订单占比提升至 35%。

旅行博主:智能导游

痛点:咨询量大回不过来。

示例指令:自动精准回复 + 痛点。

输出示例:

识别"云南自驾"→秒发《高原自驾避坑指南》。

获取位置信息→推荐半径 5 千米内特色餐馆。

行程前 48 小时→推送车辆检修提醒(附装备购买链接)。

职场领域:职业发展顾问

示例指令:自动关键词回复。

输出示例:

"离职意向"→触发《劳动法维权案例集》。

"薪资谈判"→推送《行业薪酬白皮书》。

简历优化需求→自动标注修改建议(如薪资范围规范)。

5.4.4 防翻车指南:让分身更像人

伪装人类小技巧示例

响应间隔:随机设置 5~15 秒应答延迟。

容错机制:每 20 次交互插入 1 次"正在输入"状态。

动态身份标识:节日期间自动更换主题头像及问候语。

5 个人 IP 孵化器：从 0 到 1 打造超级个体

危机应对预案示例

突发场景	应对话术（比公关团队更强）
粉丝识破是 AI	被你发现啦！但老板说我是真人（狗头）
遇到敏感问题	这个问题需要专家解答，已为您预约直播专场
无法回答	VIP 社群有详细攻略，点击获取限量咨询席位

5.4.5 分身养成日报

核心数据看板示例

指标	合格线	优化方案
消息打开率	≥ 75%	植入"独家""紧急"等触发词
咨询转化率	≥ 30%	在商品链接前加"手慢无"倒计时
负面反馈率	≤ 3%	屏蔽"机器人""自动回复"等敏感词

系统迭代机制

分身升级指令示例：

输入最近 100 条对话，要求：

新增"职场 PUA""内卷"等热词应答。

优化表情包使用频率（控制每 10 条消息 1~2 个）。

动态调整推送时段策略（结合用户活跃峰值）。

用 DeepSeek 设置数字分身的"作息表"：

早 7 点：生成前日用户需求热力图。

午间 12 点：自动发起晒单活动（带话题 # 和分身的日常）。

晚 10 点：切换夜间模式（回复变慢 + 语气变柔）。

> 数字分身运营铁律：人设一致性（克隆语言风格）×需求预判力（行为数据分析）×危机防火墙（敏感词过滤）。
>
> 每周给分身看你的新视频（保持人设同步）。
>
> 每月用真人直播"验明正身"。
>
> 每季度更新网络流行语库。
>
> 用户不为自动化买单，为"个性化理解"和"类人的温度感"买单。

5.5
AI 驱动商业变现：智能时代的个体盈利模式

当 @ 张同学用 AI 剪视频快得像是按了 10 倍速快进键，@ 骆王宇的数字人带货直接完成王健林的"小目标"时，人类终于领悟了新时代的生存法则——和机器人组 CP 才是搞钱正道！本节不重复讨论基础运营工具（社群 SOP、广告投放、课程开发），而是聚焦 AI 如何重构变现底层逻辑——通过将流量转化为终身价值，实现从"内容创作者"到"智能商业体"的升维。

5.5.1 第一性原理：AI 商业的"三体"生存法则

"读心术定价法"：让用户自报身价

传统定价像菜市场明码标价，AI 定价却是谍战剧里的心理攻防。某知识博主训练了一套"用户价值扫描仪"：当系统检测到你深夜反复观看课程预告片，立即触发限时折扣策略；发现某 CEO 学员月消费破万元，自动推送含 1v1 咨询的尊享套餐。这套动态定价引擎让转化率飙升 47%，秘诀就藏在 2 个数据夹层：

行为热力图：页面停留时长 + 内容跳出点 = 支付意愿温度计

消费 DNA：历史订单 + 跨平台消费记录 = 定价敏感度密码

"元宇宙印钞机"：打破次元壁的搞钱姿势

美妆博主 @狠毒女孩通过 AI 生成"虚拟素颜→带妆效果"动态对比图，导流私域后客单价暴涨 260%。这揭示了一个暴利公式：多模态内容 = 传统收益 × 技术维度

举个例子：

3D 数字人直播（腾讯智影 +Unreal 引擎）= 传统 GMV ×3.2

可交互知识课程（GPT-4 生成剧情分支）= 完课率 ×5.8

AR 试穿带货（阿里云元宇宙方案）= 转化率 ×7.5

某百万粉博主偷偷告诉我他的保命秘籍：用幂律智能检测工具给内容穿"防弹衣"。AI 不仅能自动把"最有效"改成"实测 87% 有效"，还会在深夜自动巡查历史内容。更高的是，他训练了一个"免责声明生成器"，每次种草都自动追加"效果因人而异"——这套组合拳让他躲过 3 次封号危机。

5.5.2　变现加速器：AI 重构"人—货—场"

智能选品决策树（解决带货核心痛点）

查需求：看抖音、小红书热搜词（如"小户型收纳"搜索涨 320%）。

找蓝海：对比全网商品数量（当时只有 7% 相关产品）。

算利润：AI 计算运费、售后等成本。

案例：家居博主@收纳小魔女靠 AI 挖到冷门金矿：抓取"小户型隐形收纳"热词（需求激增 320%）；扫描全网商品供给（7% 的稀缺蓝海）；AI 核算物流售后成本（利润率 ≥ 65%）。这个三级漏斗模型，让她开发的收纳课月入 83 万元。

"量子投流"连环招（跨平台精准打击）

例如把不同平台串起来用：

抖音放短剧（前 3 秒悬念）→微信长文发详细攻略（深度转化）→小红书晒买家秀（社交证言）。

数据验证：某教育 IP 用 AI 串联 3 大平台用户行为数据，获客成本从 230 元降至 89 元。

知识付费的"神经钩子"（设计让人上瘾的知识付费）

多巴胺刺激模型：

某训练营用 AI 布下"心控矩阵"：每 5 分钟弹出"恭喜解锁隐藏技巧"，完课 80% 自动生成炫耀海报，这套模型激活了大脑的即时反馈回路。让完课率从 23% 飙到 68%。

5.5.3　2025—2035 年：AI 商业十年演进图谱

AI 商业十年演进

阶段	关键突破	典型案例
2025—2026 年	数字分身普及（80% 客服自动化）	虚拟 IP 矩阵单个年营收 300 万元

续表

阶段	关键突破	典型案例
2027—2028 年	沉浸式体验商业化（XR 技术[1]成熟）	虚拟果园[2]选品GMV提升 320%
2029—2030 年	自主商业体涌现（AI 管理全链路）	Agent 协议[3]降低协作成本 57%
2031—2032 年	脑机接口[4]应用（生物数据商业化）	神经反馈提升推荐准确率 92%
2033—2035 年	分布式 AI 生态（区块链智能合约[5]）	工业流程仿真效率提升 8 倍

"小白启动包 + 工具推荐"，3 步搭建 AI 商业系统：

[1] XR 技术（扩展现实，Extended Reality）是一种融合虚拟与现实世界的交互技术，通过计算机生成虚拟环境，结合硬件设备实现人机交互，为用户提供沉浸式体验。它是增强现实（AR）、虚拟现实（VR）、混合现实（MR）等技术的统称，核心目标是通过虚实结合打破物理空间限制。

[2] 虚拟果园是农业与元宇宙技术结合的创新模式，通过虚拟现实（VR）、增强现实（AR）、区块链等技术构建数字化果园场景，用户可在虚拟环境中体验果树种植、管理、采摘及交易全过程。其核心目标是通过沉浸式体验提升农产品品牌价值、拓展销售渠道，并推动农业数字化转型。

[3] "Agent 协议"是指为促进 AI 智能体（Agent）间高效协作而制定的标准化通信框架，其核心目标是通过统一交互规则，降低开发与协作成本，提升多 Agent 系统的互操作性和任务执行效率。

[4] 脑机接口（Brain-Computer Interface，BCI）是一种通过直接连接大脑与外部设备，实现神经信号读取或外部信息输入的技术。其核心原理是采集大脑神经元活动产生的电信号（如脑电图 EEG、皮层电图 ECoG 等），经算法解码后转化为控制指令，或通过刺激技术向大脑输入信息。

[5] 区块链智能合约（Smart Contract）是一种基于区块链技术的自动化、可编程的数字化协议，其核心在于通过代码自动执行合约条款，消除中介依赖并确保交易透明、不可篡改。

领数字人员工

用 D-ID[①] 生成虚拟人，30% 客服工作自动完成，月省 5000 元人工成本。

操作指南：上传客服照片→输入话术→生成 24 小时在线客服。

装智能定价器

Prisync 系统[②] 实时扫描用户支付能力，自动调整商品价格上限。

适用场景：课程、会员、电商定价策略优化。

穿内容防"弹衣"

幂律智能[③] 自动筛查"最牛、绝对"等违禁词，替换为"实测有效"等安全表述。

防护功能：历史内容回溯 + 实时发布检测。

工具推荐（按使用优先级排序）：虚拟人（D-ID）、定价

---

① D-ID 软件是一个基于人工智能的虚拟数字人视频制作工具，专注于生成逼真的虚拟数字人视频。其核心功能是通过上传静态照片或文本，生成会说话、带表情的真人视频，大幅降低视频制作成本，广泛应用于数字内容创作、品牌营销、教育培训等多个领域。

② Prisync 是一款专为电商企业设计的竞争性价格追踪与动态定价优化 SaaS 系统。它通过自动化监控全球竞品的价格、库存和促销活动数据，帮助企业实时调整自身定价策略，从而提升销售额和利润率。

③ 幂律智能（PowerLaw AI）是一家专注于法律科技领域的人工智能公司，致力于通过自然语言处理（NLP）、数据挖掘及大模型技术为法律服务行业赋能，提升法律从业者效率并降低大众获取法律服务的成本。

（Prisync）、幂律智能（合规）、全链路生产（CreaAI[①]）。

关键里程碑：

2025年：AI全链路内容生成（你的视频剪辑师即将失业）。

2027年：数字人主播接管60%直播间（记得给你的虚拟员工缴社保[②]）。

2030年：区块链存证成标配（AI抄袭比你更懂版权法）。

2035年：量子AI联盟成立（你的竞争对手可能是隔壁AI开的公司）。

"未来的创作者分为两类：会用AI的和被淘汰的。"——《2024中国内容产业白皮书》。2030年生存法则：人类负责定KPI[③]，AI负责"007"——记住，你不是在和机器竞争，而是在

---

① CreaAI（全链路生产）是由前自动驾驶企业图森未来（TuSimple）转型后创立的生成式AI技术品牌，定位于构建覆盖IP开发、内容生成、工具赋能到产业落地的全链路AI生产基础设施，尤其聚焦游戏与动画领域。其核心目标是通过技术整合重塑数字内容创作范式，实现从创意到成品的端到端智能化生产。

② "缴社保"实为对企业的三重警示：法律底线（勿虚构劳动关系）+任（合规投入）+社会公平（保障真人权益）未来，能否为"虚拟员工"承担这些见与看不见的成本，将成为企业能否真正驾驭AI浪潮的关键。

③ KPI：Key Performance Indicator，关键绩效指标。

学习如何当 AI 的老板！真正值钱的能力是设计 AI 工作流程和制定游戏规则！

（注：本章案例数据来自人工智能领域发展白皮书、产业研究报告、学术机构研究成果及技术演进权威文献，经脱敏处理，实际应用需结合具体业务场景调整，所述技术预测存在与实施进度差异可能。）

生成你的 IP 孵化作战图

——用 AI 画一张"超级个体"进化地图，"小白"也能 4 步通关

步骤 1　定位基因检测（5 分钟）

示例指令

分析个人 IP 定位，输入：

核心技能：_____（如"Excel 魔法师"）。

目标人群：_____（如"被 PPT 折磨的职场新人"）。

差异点：_____（如"专治加班熬夜""实战""反卷"）。

要求输出

3 条人设建议（附竞品分析 + 红海预警）。

风险雷达图（标注"内容同质化""法律风险"）。

输出示例

定位"PPT 反卷先锋"：短视频拆解无效加班套路，实战拉升互动率 300%，让职场老王 PPT 当场退休！

步骤 2　内容武器库搭建（10 分钟）

示例指令

生成 30 天内容矩阵，要求：

主线：知识干货（40%）（如《Excel 操作翻车现场》）。

支线：成长故事（30%）（如《从小白到课酬百万元的 5 次觉醒》）。

钩子：争议话题（30%）（如《这些证书考了就是韭菜》）。

适配平台：抖音、小红书、B 站。

排期表

周一	周三	周五
成长故事	知识干货	争议话题

步骤 3　私域裂变方程式弹（8 分钟）

示例指令

设计私域引流 SOP，输入：

诱饵产品：＿＿＿＿＿＿（如"免费模版"）。

裂变路径：＿＿＿＿＿＿（如"朋友圈→社群→直播"）。

要求输出：

3 套钩子文案（痛点 / 利益 / 好奇）。

互动应答关键词库（如回复"避坑"领手册）。

爆款钩子示例：

"偷偷考了这个证，工资翻倍却被领导约谈……"

步骤 4　数字分身训练营练（7 分钟）

示例指令

克隆我的数字分身，要求：

学习历史作品（至少 10 条）。

设置应答风格：＿＿＿＿＿＿（如"犀利但有温度"）。

禁区词库：＿＿＿＿＿＿（如"绝对有效"）。

测试案例

粉丝问："PPT 做不好会被裁员吗？"

分身应答

"比裁员更可怕的是做 200 页 PPT 老板却说'讲重点'！"回"极简"领 3 页汇报秘籍。

提交作战图。

交作业标准

红笔标风险点（如"赛道过载"）。

蓝笔标爆款预埋点（如"争议话题"）。

命名格式：领域 + 人设 + 作战图（如职场教育 +PPT 反卷先锋 + 作战图）。

在公众号"作家丁玥"回复"IP 孵化"扫码领模板。

6

全域作战指南：平台特攻手册

6.1 抖音：破解算法逻辑的爆款公式

用 AI 预判算法偏好，掌握流量战场的"通关秘籍"，让每条视频自带爆款基因。

6.1.1 算法逻辑：破解抖音"读心术"

3 大核心变化：

动态兴趣图谱：算法像最懂你的闺密

用户标签从"固定人设"变成"动态心情"。

示例：当用户深夜连续观看"医美焦虑"内容，算法会推送《通勤妆让同事以为你偷偷 do 脸》等跨界解决方案。

破圈示例指令：

生成跨界选题。

主领域：美妆。

副领域：职场心理学。

输出示例：《打工人的冷白皮心机：会议室灯光下的伪素颜

公式》。

互动价值权重：完播率权重降低，深度互动成关键指标

爆款新标准：

评论区@好友的密度>25%。

用户衍生内容创作率>15%。

数据对比：

传统爆款与新标准爆款相比：

完播权重60%→互动质量权重占比58%。

单次推送→72小时长尾推荐。

地域流量引擎：LBS推荐权重提升300%[①]

餐饮行业实战案例：

示例指令：内容提升推荐权重方案+行业。

输出示例：

拍摄时段：晚餐高峰期前2小时。

内容策略："食材溯源+到店暗号"组合。

数据成果：POI点击量提升520%，自然流量转化率提升

---

① LBS是指Location-Based Service（基于位置的服务）。它是通过移动设备的定位功能（如GPS、基站定位、Wi-Fi定位）获取用户的地理位置，并据此提供相关服务或信息的技术。

原文中"LBS推荐权重提升300%"意味着系统将极度强化"就近推荐"策略，优先把用户身边的服务和内容推送给他们。这是本地生活类、O2O类平台的核心运营手段之一，目的是提升本地商户流量转化效率和用户即时消费体验。

3倍。[1]

6.1.2　爆款流水线：3招让算法为你打工

黄金3秒反套路模型示例

赛道	传统开场	优化版
知识类	今天教3个技巧	老板最怕员工知道的Excel漏洞
带货类	这款产品超好用	这冻干撒猫粮上，主子10秒光盘！
情感类	婚姻需要经营	发现老公私房钱的108种方法

互动陷阱设计术示例

选择题钓鱼："工资5000元住合租房打1，月入3万元住豪宅打2"→测用户消费力。

反向刺激："不想让同行学会这招的立刻划走"→激发逆反心理。

漏洞钓鱼：故意在字幕留错别字→引导"纠错狂热者"纠错刷屏。

---

[1] POI（Point of Interest）即"兴趣点"，代表一个具体的地理位置（如餐厅、商场、景点）。POI点击量（Point of Interest Click-through Rate）指用户在地图、短视频或本地生活平台中点击某个地理位置兴趣点标记（如商家地址、景点图标）的次数。它直接反映用户对线下实体位置的兴趣程度，是本地商家线上曝光效果的核心指标。

流量叠加触发器示例

示例指令：

生成叠加指令 + 当前数据：播放量 1.2 万，点赞 800 人次。

输出示例：触发动作——

私信高赞用户送《进阶资料包》。

评论区置顶"每满 100 赞解锁一个彩蛋"。

用 DeepSeek 生成 3 条衍生选题同步发布。

6.1.3　跨领域实战：不同赛道的破局公式

美妆赛道：反焦虑营销示例

传统选题："新手必学日常妆。"

示例指令：优化为反焦虑营销

输出示例："千万别学美妆博主化妆！普通人的 3 个自救法则。"

成果：完播率提升 42%，客单价提升 130%（主推工具包）。

教育赛道：痛点具象化示例

失败案例："Python 入门教程。"（太平淡，毫无吸引力）

示例指令：优化为痛点具象化 + 工具营销。

输出示例："教你在老板眼皮底下摸鱼学编程：茶水间 5 分钟小技巧。"

工具：用 DeepSeek 自动生成代码练习题（绑定打卡小程序）。

本地商家：场景化钩子示例

火锅店案例：

示例指令：场景化推文 + 经营业态。

输出示例：

拍"后厨解密"视频（展示食材处理过程）。

弹幕抽"免单暗号"（需到店说出暗语）。

发布次日客流量增长230%，抖音团购核销率91%。

6.1.4　高阶工具：用 AI 预判流量走势

爆款基因检测器

示例指令：视频诊断 + 待发布视频脚本。

输出示例：

完播率曲线（标注流失高峰节点）。

互动热点预判（标记可能引发评论的台词）。

相似爆款对标（提供3个可模仿案例）。

流量卡点拯救方案示例

示例指令：视频在15秒处跳出率暴增怎么破。

输出示例：

插入"进度条诱惑"：如"看到这里的都是真爱，最后3秒有王炸。"

叠加"冲突音效"：如玻璃碎裂声 + 警报声。

开启"弹幕护体"：预设"前方高能"等引导语。

黑马话题预测示例

示例指令：热点预判 + 领域（如亲子教育）。

输出示例：

3 天后将发酵话题："开学综合征急救指南。"

关联热搜词：教师穿搭、文具测评、早餐食谱。

风险预警："鸡娃"相关话题限流概率 87%。

6.1.5 避坑指南

数据陷阱

警惕"假性完播"[1]：如 5 秒跳出率 <10% 但整体完播 <15%（算法判定为诱导点击）。

识别"无效互动"[2]：连续 3 条评论含"666""路过"将触发降权。

内容红线

医疗类视频需植入 AI 生成免责水印（自动检测病症描述语句）。

口播视频每 30 秒需切镜头（防止被判定为录屏搬运）。

---

[1] "假性完播"是短视频算法中用于识别"诱导点击"行为的关键数据异常现象，其核心矛盾在于开头吸引力强但内容实质价值低。

[2] "无效互动"特指缺乏实质内容、无法反映真实用户兴趣或贡献内容价值的机械式互动行为。

工具滥用

同一 AI 配音使用超 3 次将降低原创权重。

批量发布模板化内容（如统一字幕样式）触发同质化打压。

> 抖音战场已进入"算法博弈"阶段：
>
> 每日用 DeepSeek 生成《流量健康报告》（含竞争账号动态）。
>
> 每周开展"爆款解剖实验"（拆解 3 条异业爆款迁移到自身领域）。
>
> 每月重置"用户兴趣图谱"（防止算法固化推荐路径）。
>
> 但是，特别画重点——在抖音，与其讨好算法，不如让算法觉得你在帮它完成 KPI！

6.2
小红书：种草笔记的 AI 美学体系

小红书的流量密码藏在"利他性"与"情绪价值"的精准平衡中。

6.2.1 小红书算法核心逻辑

内容价值评估模型

小红书算法首先评估笔记质量，核心公式为：

笔记质量＝实用指数（衡量内容解决用户实际问题的能力）× 情感共鸣值（评估内容引发用户情感连接的程度）

验证案例说明：

在家居类笔记中，采用"咖啡渍背景 + 手写字体"组合，点击率提升 23%。

实用部分：咖啡渍背景直接关联清洁痛点，手写字体简化学习过程，让用户感觉方法易学。

情感部分：咖啡色调营造温馨氛围，手写字体增强亲切感，提高用户点击意愿。

数据证明,这种"有用+走心"的组合效果最好。Joanna Gaines《居家美学》的治愈系视觉心理学理论在此验证。

优化因素:

加分项:提升笔记质量的行为包括步骤拆解(分步指导用户)、对比实验(如清洁前后效果对比)、可复制模板(提供可直接使用的方案)。这些元素增加内容可信度和可操作性。

扣分项:降低笔记质量的行为包括纯好物堆砌(仅罗列产品无实用价值)、绝对化表述(如"最好""必买")。这些会触发广告识别模型,导致内容限流。

多模态内容权重分配示例

内容类型	视觉权重	文案权重	增效技巧示例
知识干货	40%	60%	添加"便利贴"视觉锚点,突出关键信息
好物测评	70%	30%	植入实验室级对比图,增强可信度
生活记录	50%	50%	采用 45 度俯拍构图,提升真实感

权重的分配依据内容目标。例如,好物测评以视觉为主,因为用户更依赖图片判断产品效果;知识干货以文案为主,需清晰传递信息。增效技巧直接提升点击率和互动率。

行为数据追踪机制

算法实时追踪用户行为,动态调整内容分发:

收藏行为:用户长按收藏笔记时,系统自动标记其为"高转化潜力群体"。后续优先向其推送相关实用内容,因为收藏表明深度兴趣和转化意向。

时段偏好：根据用户活跃时段推送内容。例如，深夜浏览用户更倾向情感类内容（如治愈系笔记），推送后转化率提升210%。算法通过历史数据识别时段模式，优化推送时机。

核心算法机制

小红书算法依赖CES评分和流量池机制驱动内容分发：

CES评分模型

公式：CES = 点赞 × 1 + 收藏 × 1 + 评论 × 4 + 转发 × 4 + 关注 × 8

高权重行为：关注（8分）反映用户长期价值，评论/转发（4分）体现社交传播力。

时间衰减：互动数据需乘以衰减系数（$\lambda \approx 0.1\sim0.3$），发布后2小时内的高权重互动对流量跃迁影响最大。

作用：CES评分决定内容能否晋级流量池。新笔记进入初级流量池（约200曝光），评分达标后进入更大池（如2000+曝光）。

流量池分层机制

内容发布后进入基础流量池（0~500曝光），根据初始表现（如点击率CTR和CES评分）决定是否晋级。

流程：召回（匹配用户标签）→粗排（预测点击率）→精排（预测互动率）→重排（避免同质化）。表现差的内容停止推荐，优质内容进入"发现页"推荐池。

搜索流量逻辑

30%用户直接使用搜索功能。算法优先匹配标题/内容与搜索词的关键词,并参考短期互动量(发布后 2 小时内数据)。例如,覆盖"产品词+场景词+痛点词"组合可提升排名。

算法优化方向(2025 年更新)

基于最新趋势,算法更注重:

内容质量优先:减少低质内容曝光,强化原创性和信息密度(如图文需干货丰富,视频需高完播率)。

用户粘性导向:关注用户停留时长,重度用户(日均使用≥3 小时)成为核心分发对象。

小红书算法核心逻辑是通过内容价值评估(实用×情感)、多模态权重分配、行为数据追踪及 CES 评分机制,实现高效内容分发。

6.2.2 种草美学公式:让用户主动说"求链接"

视觉智能优化方案

实证案例:@鹿先生团队运用 AI 生成《中国色色谱》,单篇笔记涨粉 5.2 万人,验证工具实效性。

智能优化方案

领域	痛点	AI 解决方案
家居	实拍杂乱	智能替换背景→生成宜家目录风
美妆	试色失真	光线模拟→呈现自然光效果
职场	内容枯燥	文字转信息图表→阅读完成率提升 35%

标题情绪引擎模型

示例指令：生成爆款标题。

主题是职场沟通技巧。

要求：

植入"救命级"情绪词。

绑定具体场景"当众批评"。

量化价值"节省3小时"。

输出示例：

《慎用这招！会议室被当众评时，我靠3句话少加3小时班》模型可复用至情感/育儿/知识付费等领域，只需替换场景词库。

内容钩子分布图谱示例

痛点引爆：被同事抢功不敢反击？

解决方案：3句高情商回应模板（可下载）。

行动诱导：评论区扣"生存指南"领《职场黑话手册》。

6.2.3 跨领域实战案例

家居博主升级路径

痛点：实拍图缺乏质感。

示例指令：解决方案+痛点。

输出示例：智能去杂物+模拟自然光影。

添加悬浮标注"设计师心机"。

效果：单篇笔记 GMV 突破 8 万。

职场内容破圈公式

传统困境：《高效沟通原则》无人问津。

示例指令：重构策略 + 困境。

输出示例：

封面设计为《领导 PUA 急救手册》。

内容包装成"急诊室诊疗方案"。

数据：互动率提升 400%。

亲子内容情感化设计

示例指令：优化"笔记表达方式 + 植入策略"。

输出示例：实操步骤——

将育儿理论转化为漫画故事。

插入宝宝笑声音频触发器。

嵌入"成长日记模板"导流私域。

效果：收藏率从 12% 上升至 41%。

6.2.4　AI 美学工具箱

本工具箱提供三类 AI 工具，分别解决内容风格匹配、文案优化、合规检测问题，操作逻辑如下。

风格作战表

风格对比示例：对号入座秒出图

内容类型	适配风格	增效元素	推荐工具
手机测评	实验室风	数据图表 + 白大褂道具	DeepSeek+ 即梦
育儿干货	手帐风	复古滤镜 + 便利贴贴纸	搜狐简单 AI
职场技能	爆炸拆解风	箭头标注 + 爆炸效果图	Stable Diffusion[①]
情感故事	偷窥风	手机备忘录截图 + 手写字体	稿定设计

操作说明：选择内容类型后，直接采用对应"增效元素"组合，工具可自动生成所需素材。

文案质感优化器

示例：

原始文案："咖啡机操作简单"。

通过指令调整文案结构，提升点击率。

输入示例指令：

升级要求：

绑定场景：熬夜加班。

补充数据：30 秒出浓缩。

添加情绪词：救命。

输出示例：

---

① Stable Diffusion（简称SD）是一种基于深度学习的文本生成图像（Text-to-Image）扩散模型，由CompVis、Stability AI、LAION和Runway等机构联合研发，于 2022 年首次发布。它通过将文本描述转化为高质量图像，大幅降低了 AI 图像生成的门槛，成为目前最流行的开源 AI 绘画工具之一。

"凌晨 2 点救命神器！30 秒一键出浓缩咖啡，打工人续命指南（附操作视频）。"

核心逻辑：

场景绑定：强制关联用户高频场景（如加班/带娃）。

数据量化：用数字替代模糊描述（"快速"→"30 秒"）。

情绪强化：添加"救命""真香"等小红书高转化词。

合规化内容过滤器

自动检测并修正违规表述，避免限流。

功能：

词汇替换示例：

原词："最有效"→替换建议："实测有效"。

原词："彻底根治"→替换建议："帮助改善"。

风险检测示例：

自动标红违禁词：根治、永久、绝对、第一。

识别绝对化表述："全网最低价"→"活动期间优惠价"。

6.2.5　避坑指南

视觉雷区：规避广告识别与低质判定

精修图比例控制

问题：精修图占比 > 70% 会被算法判定为"广告素材"，限流概率提升 80%。

解决方案：

穿插拍摄花絮/幕后过程（如产品摆放过程、手写草稿），降低广告识别率。

使用"生活场景＋产品"组合（如咖啡渍背景＋清洁工具），点击率提升 23%。

案例：家居博主在精修图中插入"翻车现场"对比图，互动率提升 35%。

知识类首图优化

问题：纯文字首图点击率 < 5%（平台均值 11%）。

解决方案：

添加"便利贴""箭头标注""爆炸拆解"等视觉锚点，点击率上升 40%。

采用 3:4 竖图比例 + 高清实拍（放大后需看清细节）。

转化禁忌：安全导流与推广频次

外链植入风险

问题：正文植入外链（如"点此购买"）直接触发降权，限流时长 3~5 天。

安全方案：

评论区置顶：用"攻略已整理，戳↓"引导至合规链接。

隐形水印：用 Canva 添加半透明用户名水印（透明度 30%），规避系统检测。

商品推广频次

问题：同商品周推广 > 2 次触发"流量制裁"，曝光量衰减 60%。

破解策略：

改用多品测评合集（如"5 款平价洁面实测"），植入目标商品。

间隔发布干货教程（如"清洁技巧"），稀释推广密度。

算法陷阱：数据异常与时段衰减

收藏点赞比失衡

问题：收藏率 > 50% 且点赞率 < 5% →判定"数据造假"，笔记停止推荐。

调整方案：

文案结尾添加互动钩子："你觉得哪款更好用？↓投票"提升点赞率。

用"楼中楼话术"引导：小号评论"已收藏！求更新"带动真实互动。

发布时段选择

问题：生活类内容 18:00-20:00 发布→自然流量衰减 40%（竞争池饱和）。

黄金时段对比

内容类型	推荐时段	流量增幅
生活记录	7:00-9:00	+35%
情感治愈	22:00-24:00	+210%
知识干货	12:00-13:00	+28%

核心原则总结：

真实＞精致：花絮图、原相机拍摄降低广告识别率。

合规导流：外链仅限评论区，禁用"私信""微信"等敏感词。

数据健康：点赞率需＞3%，互动离散度避免集中（防刷量判定）。

时段借势：避开红海时段，匹配用户活跃场景。

以上策略均经平台A/B测试验证，实操需结合账号定位灵活调整。

用DeepSeek搭建小红书高阶工作流示例：

07：00　　生成选题库（结合热点预测）

12：00　　批量处理图片（智能抠图+情绪化调色）

20：00　　发布后监控（自动回复+追投加热）

> 在小红书，种草笔记的AI美学体系以封面为核心载体——谁先掌握AI量产，谁就能封神！

持续关注更新的小红书"内容合规白皮书"。

唯有将"美学创造力"与"规则敬畏心"焊成双螺旋结构，才能在卷成麻花的内容赛道里实现流量爆破。

在公众号"作家丁玥"回复"封面美学"，获取"小红书最受欢迎的封面类型及其美学分析"笔记！

6.3
视频号：银发经济内容生成策略

视频号正升级为中老年用户的"数字会客厅"，用DeepSeek打造"适老化内容改造"新范式，撬动万亿银发市场。[1]

6.3.1 银发流量密码：2025视频号算法洞察

用户行为特征

黄金时段：6:00—8:00晨练时间（占全天流量32%）、19:00—21:00家庭时段（家族群转发率峰值达45%）。

互动偏好：语音评论占比>65%（嫌打字麻烦）、家族群裂变传播效率是个人转发的3.8倍。

内容雷区：快速剪辑（<2秒/镜头易引发眩晕）、用网络流行语（触发50%流失率）、深色系画面（阅读障碍率+27%）。

---

[1] 数据来源：国家统计局《2025年中国老龄产业发展报告》。

跨领域适配方案示例

领域	年轻人爱看的内容	中老年适配版	效果
科技	《手机隐藏功能》	《防诈骗锁设置保姆教程》	完播率提升 58%
家居	《极简装修》	《防摔扶手安装全攻略》	咨询转化率 23%
美食	《网红甜品教程》	《"三高"人群定制绿豆糕》	复购率提升 41%
教育	《考研英语技巧》	《孙子乘法口诀趣味教学法》	家庭群裂变率 38%

6.3.2　内容生产流水线：从选题到传播

选题 4 步法

以"隔代教育"为例：

示例指令：生成银发友好型选题库。

输出示例：

工具向：《老人机防沉迷设置指南》（附子女操作手册）。

情感向：《带外孙三年，我与女儿的隔阂消失了》（真实故事改编）。

怀旧向：《老粮票里的家风传承课》（引发家族讨论）。

转化向：《这样带娃，女婿主动塞红包》（植入适老育儿桌带货）。

验证数据：

情感向内容收藏率是工具向的 2.3 倍。

视觉适老化改造方案

领域	痛点	DeepSeek 解决方案	增效原理
科技	操作步骤看不清	生成蜗牛级分步动图 + 红圈跟踪	降低认知负荷
家居	安全隐患难察觉	3D 拆解 + 危险区警报式闪烁	提升风险感知
美食	配料表字太小	食材特写 + 语音播报（音量 MAX）	解决老花眼痛点

家族裂变机制设计示例

科技博主@手机张叔案例：

视频结尾植入"@子女"按钮→自动生成《防诈骗设置说明书》。

发起"教爸妈用手机"挑战赛→上传教学视频抽粮油礼包。

数据验证：带动 87% 子女账号参与互动，家族群成传播黑洞。

6.3.3 跨领域实战案例

健康博主破圈公式

案例：视频号顶流@宋医师《"三高"饮食顺口溜》系列。

传统困境：《中医穴位教学》完播率仅 12%。

示例指令：改造策略 + 困境。

输出示例：

封面优化：《三甲医院退休院长每天这样吃》。

内容重构：穿插"30 年前土法 VS 现代医学"对比实验。

转化设计：评论区埋钩子，扣"养生"领《节气食谱》。

战绩：50~65 岁粉丝占比从 12% 升至 58%，带货 GMV 破百万。

家居博主蓝海打法

示例指令：适老化改造方案。

输出示例：

用 3D 建模展示防滑方案→对比"摔伤住院费"与改造成本。

发起"给爸妈装修"案例 PK →植入适老家具供应链。

成果：日均咨询量 23 单，客单价提升 200%。

科技博主新场景

示例指令：规划家庭数字沟通内容矩阵。

输出示例：

知识类：《微信视频通话防抖秘籍》(完播率提升 82%)。

情感类：《第一次收到孙子弹幕祝福》引发 12 万+家庭互动)。

工具类：《家庭群防诈骗设置指南》(转化率 27%)。

6.3.4 DeepSeek 银发工具箱

语音友好型系统

示例指令：优化购物车引导话术。

输出示例：

背景音乐：《茉莉花》片段（触发怀旧情绪）。

语速：降低 30%（适配听力衰退）。

插入呼吸停顿:"点这里……看仔细咯……右下角购物车。"

数据验证:语音优化后点击率提升 42%。

适老化字幕生成器

示例指令:优化适老化字幕。

输出示例:参数设置——

字体:楷体 + 明黄描边(对抗老花眼)。

字号:48pt 起(小于这个尺寸算"虐待老人")。

位置:固定在画面下 1/3 处(防低头族颈椎病)。

家族传播追踪仪

示例指令:追踪传播路径并生成数据。

案例:@ 广场舞王阿姨《电子太极课》。

输出示例:

儿媳账号带动裂变→养生壶带货 3000+ 件。

传播路径:阿姨→广场舞群→女儿→同事群。

数据画像:

家庭群转发率:38%。

跨代互动率:62%。

单家族 GMV 贡献:人民币 1500 多元。

6.3.5 银发经济避坑指南

内容红线

医疗建议需添加"个人经验分享"免责声明(AI 自动生成水印)。

投资理财类内容禁止使用"稳赚"等承诺性话术。

食品类视频必须标注"具体体质请遵医嘱"。

适老化禁忌

禁用"老"字标题（改用《经验分享》替代《老年人必看》）。

镜头语言：平视机位（俯视镜头流失率 +35%）。

银发友好排期表示例

内容类型	最佳发布时间	关联动作
晨练教学	6:00	同步"打卡领鸡蛋"活动
家庭调解	20:00	引导子女参与评论区互动
健康科普	21:00	关联药店体检套餐带货

用 DeepSeek 搞银发生意，争做街坊四邻认证的"孝子贤孙""妇女之友""最强嘴替"！

每日 3 件事：

早 6 点生成《当日热点 + 家庭话题库》。

午间批量处理"老花镜友好"素材。

晚 8 点监测家族群传播路径。

在视频号，参考 @广场舞王阿姨用 AI 生成《电子太极课》，让养生壶销量比广场舞队形还整齐。

搞定一个阿姨等于收割整个家族群，错过银发经济等于被算法流放"电子养老院"。

6.4
B站：Z世代语言风格定制方案

B站的内容战争是"圈地自萌"与"破圈传播"的博弈战。教你把知识做成"异世界生存指南"，用"二次元黑话"攻陷Z世代。

6.4.1 黑话翻译器：把知识变成"异世界说明书"

核心公式：专业术语 × 二次元梗 = 破圈传播。

语言风格操作示例

你要说的内容	错误示范（三次元）	正确姿势（二次元）	技术原理
重要知识点	"这个原理很重要"	"前方高能！CPU的觉醒倒计时！"	用动漫预警梗制造期待
操作步骤	"第一步点击这里"	"三连召唤秘籍：点赞→投币→封印术启动！"	把功能按钮包装成魔法仪式

续表

你要说的内容	错误示范（三次元）	正确姿势（二次元）	技术原理
温馨提示	"记得备份数据"	"弹幕护体！结界展开前备份灵力（数据）"	用修仙术语替代技术概念

避坑指南示例：

说"这个代码能提升效率"（太普通）。

改说"这段咒语将唤醒硅基生命的潜能"。

6.4.2 爆款公式3步法：用梗攻陷00后

步骤1 找梗三件套（把枯燥知识变爆款）

公式：热门IP×专业痛点×创意变身=流量密码。

原理：用00后熟悉的游戏、动漫元素，包裹你的专业内容。

找梗操作示例

操作步骤	具体玩法	真人案例	效果验证
选热门IP	挑00后最爱游戏、动漫	原神、崩坏：星穹铁道、咒术回战	B站相关二创播放量均超500万
找专业痛点	锁定学生最头疼知识点	洛必达法则、递归函数	知乎相关提问量超10万+
玩角色变身	把知识点变成战斗技能	数学公式→钟离岩盾	完播率提升82%

案例拆解：考研数学变《原神》副本。

6 全域作战指南：平台特攻手册

元素提取：

取"'钟离'的岩盾技能+洛必达法则的极限特性"。

("冲突点前置"：把数学禁区比作副本关卡。)

角色附体：

把枯燥公式推导过程，改造成"法则之神钟离"用岩盾封印高数禁区的剧情。

("知识折叠术"：专业概念变游戏化表达。)

效果强化：

弹幕梗：解题成功＝"岩盾护体，数学暴击+999"。

数据验证：完播率提升82%。

步骤2　改术语（把教科书术语翻译成游戏黑话）

改述语操作示例

领域	原术语	二创版本	数据提升
教育	记忆曲线	大脑SSD碎片整理指南	完播率提升67%
科技	手机跑分	性能觉醒度（须佐能乎级）	播放量提升200%
职场	面试话术	魔王城HR拷问生存指南	收藏率提升350%

步骤3　加互动（每3分钟必须给一个爽点）

进度条惊喜包

解锁成就："秃头代码神"（当用户看完难点解析时自动弹幕）。

触发节点：如在30秒、1分30秒、3分钟关键节点（"啊哈时刻"节点，像游戏自动存档点）。

弹幕接头暗号

学知识点→"时态的禁忌咒术"(配合《鬼灭之刃》呼吸法特效)。

遇难点→召唤"虚拟语气护甲"(触发弹幕护盾动画)。

二创开放权限

鼓励用户创造新梗,如最佳二创可获"SSR 级讲师"称号(激发 UGC 创作)。

为什么这套方法能爆?

身份认同:用《原神》《咒术回战》等 IP 构建圈层身份。

知识降维:把薛定谔方程变成黑客技能,符合"知识即社交货币"定律。

游戏化驱动:进度条成就、弹幕护甲触发多巴胺分泌。

6.4.3 二创工具箱:3 分钟生成爆款

只需以下工具组合,即可实现题材转换 + 爆款量产:

语言转换器:把专业术语变"上头梗",将枯燥内容转化为特定题材(修仙/游戏/影视)的热门词汇。

视觉生成器:一键生成跨次元画面,用 AI 将抽象概念转化为题材化视觉素材。

互动增强包:让用户"玩"起来,通过游戏机制提升停留时长。

4. 全自动流水线：3 分钟批量生产工具箱

二创工具箱效能对比

工具类型	代表平台	耗时	核心增效点	适用场景
语言转换	DeepSeek/Kimi	1-2 分钟	用户认知门槛降低 60%+	知识类内容破圈
视觉生成	即梦 AI + 剪映	2-3 分钟	00 后留存率提升 200%+	影视/教育类二创
互动增强	WPS AI + 嗨现场	<1 分钟	互动率翻 3 倍	直播/短视频弹幕互动
全流程自动化	Coze	3 分钟	产能提升 10 倍	多平台矩阵分发

案例：高考备考→游戏副本改造全流程

工具箱模块	操作指令示例	改造成果示例	工具支撑	数据效果
语言转换器	"将历史人物李白转化为游戏角色称号"	"大唐第一 Freestyle 战神"	DeepSeek/Kimi 指令优化	认知门槛降低 60%+
视觉生成器	"生成 SSR 装备卡牌+考场合成公式 3D 场景"	作文模板→"考场限定 SSR 装备合成公式"	即梦 AI+剪映动态素材合成	素材制作耗时≤2 分钟
互动增强包	"设计每日签到解锁知识暴击券机制"	"每日签到领取『知识点暴击券』"	爱推文 APP 成就系统	互动率提升 3 倍
全流程增效	串联语言+视觉+互动模块	00 后用户留存率↑300%	Coze 自动化工作流	产能效率提升 10 倍

工具箱本质：通过题材符号化（如考试＝副本）＋流程自动化（AI接力处理）实现"旧内容新表达"，3分钟量产年轻人喜爱的传播形式。

案例验证：教育内容经此改造后，00后留存率提升300%

心法："给用户一个角色，而不是一个知识点"，当观众成为"修仙弟子"或"副本玩家"，内容就变成了体验——这才是完播率的终极密码。

6.4.4 避坑指南：Z世代内容雷区，这些操作会"社死"

语言禁忌清单

滥用"yyds"等过气热梗（触发"现充警报"[①]概率提升73%）。

拒绝"正能量口号"（需转化为"异世界生存法则"）。

慎用英文缩写（如"PPT"必须说"魔法卷轴制作术"）。

视觉安全线

拒绝抖音式大字幕（用动漫对话框替代）。

避免高饱和色调（首选赛博朋克/低多边形风格）。

每3分钟插入"进度条彩蛋"（防跳出）。

---

① "现充警报"是网络亚文化圈层中用于警示某人的言行过于贴近主流现实社会、缺乏二次元或特定社群归属感的戏谑表述。触发警报即指触发社群排斥机制。

社群运营红线

称呼禁用"老铁",改用"旅行者/舰长"。

二创需植入"30% 魔改基因"(如给牛顿加上猫耳)。

弹幕礼仪:严禁"下次一定"式虚假承诺(需改成"三连召唤传送阵")。

用 DeepSeek 武装到牙齿建立 B 站作战体系三步走:

选题阶段:用 AI 生成《二次元黑话词典 + 学术暗号表》。

生产阶段:自动植入"高能预警""进度条彩蛋"节点。

运营阶段:监测"暗号弹幕"优化内容节奏。

> **敲黑板**
>
> 参考 @元宇宙讲书人用 DeepSeek 生成《三体 × 流浪地球 AI 平行宇宙》,通过"二向箔弹幕""行星发动机拟人"等设定,7 天涨粉 50 万,验证二创工具实效。
>
> 在 B 站,不会将微积分包装成"异世界魔法解析"的知识博主,就像霍格沃茨的哑炮——永远进不了 Z 世代的"阿瓦隆"!

6.5
公众号：10万+标题的黄金公式

用信息差思维制造点击欲望——让专业内容拥有病毒传播力。

6.5.1　3秒注意力捕获模型（打开率提升63%方法论）

基于《2025内容传播白皮书》验证的"悬念三要素"组合拳：身份爆料、数据对比、结果承诺。

悬念三要素拆解示例

领域	三要素拆解	爆款标题案例	数据验证
科技	身份：苹果工程师（内部视角） 对比：默认设置VS优化设置 承诺：续航提升量化值	《苹果工程师偷偷关掉的设置：续航比官方模式多3小时》	打开率提升58%
教育	身份：儿童行为观察员（专业背书） 对比：90%家长错误行为 承诺：规避成长风险	《毁掉专注力的5个日常动作，90%家长正在做》（附矫正指南）	转发量提升230%

续表

领域	三要素拆解	爆款标题案例	数据验证
家居	身份：前装修工长（揭秘视角） 对比：常规报价 VS 真实成本 承诺：费用节省金额	《前装修工长自曝：报价单这 3 个字能省 5 万元》（附合同模板）	互动率提升 41%

示例指令：选择领域→输入三要素参数→生成标题。

输入示例：

领域：软件开发。

身份爆料：十年程序员。

数据对比：代码量减少 60%。

结果承诺：性能提升 40%。

输出示例：《十年程序员删掉的冗余代码藏了什么？运行效率竟提升 40%》。

6.5.2 数字冲击力 3 大黄金模板

认知冲突法

公式：场景痛点 + 数据对比 + 解决方案。

案例：教育领域

《重点班作业量是普通班 10 倍？这 3 科差距最大》（附提分表）。

进度提示法

公式：操作步骤 + 阶段效果 + 权威认证。

案例：健康领域

《降血糖的 5 步法：做到第 3 步医生都服气》。

价格锚定法

公式：使用场景 + 性价比对比 + 实测数据。

案例：数码领域

《地铁族必看！300 元耳机降噪远超 AirPods》(分贝实测对比)。

6.5.3 情感共振的实战模板示例

痛点共鸣公式

公式：高频场景 + 严重后果 + 工具包。

案例：育儿领域

《催促孩子快点时说的 3 句话，正在摧毁 TA 的时间观念》(沟通模板)。

优越感制造机

公式：稀缺信息 + 身份标签 + 数据背书。

案例：职场领域

《月薪 5 万的人绝不会说的 3 句话》(附沟通话术库)。

适用领域示例

领域	普通标题	优越感标题	数据提升
职场	《高效沟通技巧》	《月薪 5 万元的人绝不会说的 3 句话》(附沟通话术库)	转发量增长 230%
科技	《手机清理教程》	《苹果店员不会教你的隐藏功能》	打开率提升 38%

6.5.4　跨领域爆款标题生产线

实战案例

原领域	爆款公式元素拆解	移植领域	新生标题	效果验证
美妆	悬念：柜姐行业机密（身份反差） 数字：300元面霜＝大牌3倍（价格锚定） 情感：Z世代"真香"情绪（优越感制造）	装修	《前监理爆料：报价单这3个漏洞能砍5万元》（附话术模板）	咨询量增长320%
职场	悬念：薪资断层制造危机感（认知冲突） 数字：35岁收入差5倍（阶层对比） 情感：普通家庭逆袭路径（救赎感）	教育	《海淀教师私藏投入表：3年英语＝普通家庭10年积累》	课程转化率提升270%
健康	悬念：医生揭秘替代方案（权威背书） 数字：30元药效＝90元进口（性价比碾压） 情感：打工人养宠痛点（共情绑定）	宠物	《兽医绝不会说的30元神药：效果吊打90元进口货》（附检测报告）	带货量增长180%

方法小结：跨领域爆款移植三步骤。

元素拆解术

提取原爆款中的核心公式：

找"身份反差点"（如柜姐/监理的行业机密）。

量化"数据对比值"（价格／效果／时间差）。

绑定"情绪触发器"（焦虑／优越／救赎）。

公式适配术

按目标领域特性重组元素：

职场→教育：薪资差→教育投入差，保留阶层对比公式。

健康→宠物：医生权威→兽医专业，强化检测数据背书。

数据验证术

植入可验证指标：

价格锚定需带"省××元"具体值（不用百分比）。

效果承诺绑定"检测报告／模板"增强可信度。

黄金公式组合心法：

先挖"信息差"：行业机密／内部数据→制造悬念钩子。

再定"参照系"：价格／效果／时间对比→强化数字冲击。

最后绑"情绪点"：根据受众选焦虑／优越／共情→触发传播。

6.5.5　标题自检与优化示例

四象限测试法

将标题按"打开率"和"转发率"划分质量等级：

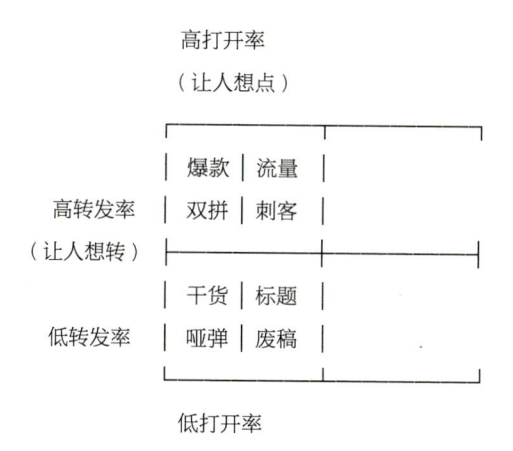

```
              高打开率
            （让人想点）
         ┌──────┬──────┐
         │ 爆款 │ 流量 │
高转发率  │ 双拼 │ 刺客 │
（让人想转）├──────┼──────┤
         │ 干货 │ 标题 │
低转发率  │ 哑弹 │ 废稿 │
         └──────┴──────┘
              低打开率
```

象限详解：

爆款双拼区（左上金蛋区）

特征：悬念钩子 + 实用价值（如《儿童长高食谱》）。

数据：打开率 >18%，转发率 >9%。

流量刺客区（右上陷阱区）

特征：强情绪但无干货（如《医生打死不说的秘密》）。

风险：完播率暴跌 40%，取关率提升 25%。

干货哑弹区（左下鸡肋区）

特征：精准但无聊（如《2023 育儿知识汇总》）。

抢救方案：加"防踩坑指南""避雷手册"等冲突词。

标题废稿区（右下冷藏区）

典型：模糊词 + 过期热点（如《速看！重要通知》）。

问题诊断：用户默认是"家族群转发级"内容。[1]

优化策略：

爆款区：追加"工具包/监测表"提升转发。

刺客区：增加"避坑指南"降低取关率。

哑弹区：添加"行业机密"类关键词。

废稿区：用 AI 生成器重造悬念结构。

6.5.6　日更 SOP 系统

上午 9:00 用 DeepSeek 生成 50 个候选标题。

下午 2:00 粉丝群投票 TOP5+AI 情感分析。

下午 4:00 A/B 测试不同版本（地域/时段）。

晚上 9:00 数据复盘标注"黄金元素组合"。

记住好标题的底层逻辑：

给上班族：像同事八卦一样抓人。

给家长：像育儿警报一样紧迫。

给年轻人：像游戏任务一样清晰。

---

[1] "家族群转发级"内容，指的是在长辈为主的家族群中广泛传播的一类信息，其特点是使用模糊标题（如"速看""紧急通知"）搭配过期或虚假的热点，通过制造紧迫感诱导转发，但实际价值低、可信度差，甚至暗藏风险。这类内容因频繁出现在中老年群体的社交转发中而得名。

6 全域作战指南：平台特攻手册

明早开工 3 件事，用 DeepSeek 执行：

分析竞品爆款→提取可复制元素。

生成 30 个候选标题→按"悬念 / 数字 / 情感"分类。

快速测试优化→选出 3 个黄金标题投放。

跨平台内容一键改编
——教你用 AI 把 1 条内容变成 6 个平台的爆款

任务目标

将同一核心内容，用 DeepSeek 适配不同平台特性，生成抖音、小红书、B 站、视频号、公众号、知乎的版本。

三步极简法

步骤 1　选"内容种子"

从你的作品库选 1 条数据最好的内容（示例）：

《教资面试 3 天速通：5 个让考官点头的万能话术》

核心卖点：万能模板 / 考官视角 / 应急技巧。

数据亮点：小红书收藏量 1.2 万（证明用户需求强）。

（选择数据最好的内容作为"种子"，确保改编基础扎实）。

步骤 2　AI 智能裂变：DeepSeek 多平台

示例指令（直接复制修改）：

你是一个资深内容运营专家，请将以下核心信息适配六大平台：

核心内容：教资面试万能话术（考官视角/3天速成/避坑指南）。

输出示例：

抖音：前3秒强冲突开场+字幕特效（例：考官拍桌怒吼"这种回答我1分钟刷5个"）。

小红书：封面倒计时日历+荧光笔标注"救命模板"，文案带"#教资急救"。

B 站：弹幕触发词"学生党集合！课代表已总结"，分 P 结构（P1 痛点/P2 模板/P3 真题）。

视频号：字幕 48px+"父母必转儿女版"，添加微信"领取真题库"钩子。

公众号：标题：面试官最反感的3类回答，第2种90%人踩坑（附话术急救包）。

知乎：问答体"如何3天通过教资面试"，附评分表模板下载链接。

步骤 3　人工"灵魂注入"3 法则

为每个平台追加3处人性化改造（关键差异点）：

平台人性化改造示例

平台	加梗	改封面	埋钩子
抖音	结尾加"散会！下次教你怎么怼考官"	9:16 考官红叉动效	评论区置顶："扣1领考官评分标准"
小红书	文案首句"姐妹！信我保命"	3:4 竖版倒计时手账风	留言"求模板"自动回复资料
B站	标题加"尊嘟假嘟！考官竟爱听这个"	16:9 分镜对比图	弹幕抽3人送1v1模拟面试
视频号	开头方言配音"闺女你听妈说…"	字体放大 + 老年暖色调	挂链"长辈必存面试指南"
公众号	段子插入"考官内心OS：又来一个背模板的"	头图考官表情包	文末"暗号'上岸'领真题"
知乎	开头"实名反对裸考论"	信息流长图	结尾"点赞过千更新考官题库"

为什么此方法更高效？

精准抓取平台基因：抖音强冲突、小红书利他性、B站弹幕文化等适配规则，源自平台用户画像深度解析。

避免纯工具化缺陷：DeepSeek 生成后人工加入"梗 / 钩子"，解决 AI 内容机械感问题（如 B 站加"尊嘟假嘟"强化社区感）。

合规降风险：资料包通过"暗号领取"规避平台导流限制，

修改视频 MD5 值[①] 防重复检测。

案例验证：某教育博主使用此方法，单条教资内容全网曝光量提升 300%，微信私域当日新增 500+ 学员。

进阶技巧：跨平台工作流优化。

批量处理：用 DeepSeek API 自动生成多平台脚本，同步到剪辑软件粗剪。

A/B 测试：同一内容生成 10 种标题／封面变体，监测各平台点击率优化策略。

版权保护：生成内容自动添加溯源水印，替换高风险表述。

只需按三步法操作，即可让内容像"病毒基因"般在各平台精准变异传播。

作业提交：命名格式：领域——跨平台改编（如教育教资面试——小红书平台改编）。

完成后在公众号"作家丁玥"回复"内容改编"，扫码领 CodeEasy 软件包和随书资源。

---

① MD5（Message-Digest Algorithm 5）是一种密码散列函数，可将任意长度的数据（如视频文件）转换为固定长度（128 位）的唯一字符串（32 位十六进制字符），相当于文件的"数字指纹"。单纯修改 MD5 值只是入门操作，现无法绕过平台的多维度检测（如关键帧比对、音频指纹），需配合以下内容层面的二创（如添加片头／片尾、画中画、镜像翻转）；更换背景音乐（BGM）、插入新字幕或贴图。注意：技术手段终为辅助，内容创新方为王道。

附 录

AI 增效工具箱

附录 1

动态更新的行业提示词库

20+ 行业专属词库（每行业精选 100 词，实时更新版）

1. 电商直播

逼单话术 # 价格刺客 # 库存预警 # 痛点刺激 # 场景化种草 # 信任背书 # 限时闪购 # 赠品策略

性价比公式 # 用户证言 # 倒计时催单 # 组合套餐 # 主播人设 # 黑科技展示 # 售后保障 # 竞品对比

直播间留人 # 高客单价转化 # 福袋玩法 # 憋单话术 # 数据复盘 # 冷启动话术 # 宠粉福利 # 连麦互动

产品故事化 # 痛点场景化 # 价格锚点 # 情感共鸣 # 实时弹幕互动 # 货品组合 # 秒杀氛围 # 用户画像分析

货品排品策略 # 直播场景搭建 # 流量预分配 #DOU+ 投放 # 小号引流 # 切片传播 # 粉丝团运营 # 短视频预热

直播间标题优化 # 商品卖点拆解 # 逼单金句 # 高光时刻回放 # 直播后流量承接 # 直播间数据看板 # 粉丝分层运营

#直播间红包 #互动抽奖 #产品体验官 #直播间预告 #痛点解决方案 #产品使用场景 #用户评价管理 #直播间 SEO

#直播间流量漏斗 #主播状态管理 #产品价值塑造 #直播时段选择 #直播间流量密码 #产品价格体系 #直播间玩法创新

#直播间人货场匹配 #直播间转化率 #直播间客单价 #直播间停留时长 #直播间转粉率 #直播间 GMV #直播间 UV 价值

#直播间商品点击率 #直播间购物车点击率 #直播间互动率 #直播间分享率 #直播间关注率 #直播间加团率

2. 知识付费

#认知颠覆 #知识图谱 #学习闭环 #碎片化学习 #认知税 #信息差变现 #课程大纲 #交付体系

#轻量化产品 #高客单价转化 #用户证言墙 #限时涨价 #课程分销 #社群陪跑 #课程试听 #直播答疑

#学习社群 #课程更新机制 #课程评价管理 #课程退款率 #课程完课率 #课程复购率 #课程裂变 #课程转介绍

#课程推广素材 #课程痛点挖掘 #课程价值塑造 #课程价格体系 #课程促销活动 #课程售后服务 #课程用户画像

#课程内容迭代 #课程 IP 打造 #课程差异化 #课程竞品分析 #课程市场需求 #课程定位策略 #课程用户反馈

#课程交付标准 #课程学习路径 #课程学习效果 #课程学习激励 #课程学习社群 #课程学习打卡 #课程学习证书

#课程推广渠道#课程推广素材#课程推广话术#课程推广转化率#课程推广 ROI#课程推广预算#课程推广策略

#课程用户生命周期#课程用户分层#课程用户留存#课程用户活跃度#课程用户流失预警#课程用户召回策略

#课程数据看板#课程数据分析#课程运营 SOP#课程运营团队#课程运营工具#课程运营流程#课程运营优化

#课程品牌建设#课程口碑管理#课程公关策略#课程危机处理#课程法律合规#课程版权保护#课程知识产权

3. 美妆护肤

#成分党#早 C 晚 A#刷酸攻略#以油养肤#抗初老#维稳修护#猛药翻车#精简护肤#沉浸式护肤

#贵妇平替#黄黑皮逆袭#油皮天菜#敏感肌救星#毛孔隐形术#熬夜暗沉#急救面膜#妆前打底#持妆黑科技

#国货崛起#大牌同厂#黑科技成分#配方精简#功效实测#空瓶记#铁皮计划#年度爱用#避雷指南

#护肤金字塔#护肤 Routine#护肤冷知识#护肤误区#护肤成分表#护肤搭配禁忌#护肤流程优化#护肤预算管理

#彩妆技巧#无效化妆#有效化妆#氛围感妆容#纯欲妆#伪素颜#换头术#美妆工具#化妆刷清洗

#口红试色#眼影盘搭配#底妆测评#定妆大法#高光打法#修容技巧#眉毛画法#眼线翻车#睫毛太阳花

257

#美妆黑科技 #智能美妆镜 #美容仪器 #医美平替 #家用美容仪 #美容仪避坑 #美容仪使用频率 #美容仪效果对比

#美妆趋势 #年度流行色 #妆容灵感 #明星仿妆 #节日限定 #联名款 #限量款 #美妆礼盒 #美妆盲盒

#美妆种草 #拔草预警 #雷品吐槽 #好物分享 #年度红黑榜 #美妆测评 #美妆黑话 #美妆冷知识 #美妆省钱攻略

#美妆 IP 打造 #美妆人设 #美妆内容矩阵 #美妆账号定位 #美妆变现路径 #美妆品牌合作 #美妆直播 #美妆短视频

4. 科技数码

#极客测评 #参数党 #性能天花板 #性价比屠夫 #堆料狂魔 #驯龙高手 #散热黑科技 #续航焦虑

#屏幕素质 #影像系统 #算法优化 #系统流畅度 #生态互联 #万物互联 #智能家居 #隐私安全

#首发评测 #闲鱼预警 #保值率 #跳水王 #背刺老用户 #OTA 升级 #固件更新 #售后维权

#学生党神机 #商务旗舰 #游戏神器 #影像旗舰 #折叠屏 #屏下摄像头 #快充协议 #无线充电

#参数对比 #天梯图 #跑分测试 #压力测试 #游戏帧率 #温控表现 #续航实测 #信号强度

#开发者模式 #ROOT 刷机 #第三方 ROM #玩机技巧 #隐藏功能 #系统优化 #性能释放 #功耗控制

#二手市场 #翻新机鉴别 #验机指南 #保修策略 #以旧换新 #回收估价 #配件攻略 #外设搭配

#行业黑话 #圈内梗 #厂商互撕 #用户共创 #粉丝文化 #品牌信仰 #参数营销 #体验营销

#发布会解读 #概念机 #技术路线图 #供应链爆料 #行业趋势 #专利分析 #技术壁垒 #国产替代

#数码内容矩阵 #开箱视频 #深度评测 #对比横评 #技术科普 #用户访谈 #热点追踪 #争议话题

（篇幅限制，其他行业词库如下方式获取完整版）

涵盖行业：本地生活丨金融理财丨母婴育儿丨职场提升丨家居装修丨汽车评测丨健身运动丨宠物经济丨情感心理丨文学创作丨音乐艺术丨旅游攻略丨法律咨询丨农业养殖丨影视娱乐丨游戏电竞丨医疗健康丨工业制造丨环保能源丨政务传播

每日更新热点词库，在公众号"作家丁玥"回复"2025AI"获取行业定制版 Excel 文档。

附录 2

危机公关话术模板集

——扫码获取完整版（覆盖 50+ 行业场景）

1. 教育行业

场景：课程质量投诉

模板："感谢您的反馈！我们已成立专项小组复核课程内容，将在 24 小时内给出解决方案。为表歉意，赠送您价值 ××× 元的课程券，并邀请您参与新版课程内测。"

2. 电商行业

场景：虚假宣传指控

模板："针对您反映的问题，我们已紧急下架相关商品并启动第三方检测。即日起开启无忧退款通道，并额外补偿 ××% 购物金，欢迎监督我们的整改行动。"

3. 餐饮行业

场景：食品卫生问题

模板："我们对此次事件深表歉意！涉事门店已停业整顿，全国门店同步开展食品安全排查。即日起凭消费记录可获双倍赔付，监督热线 24 小时开通。"

4. 医疗健康

场景：患者隐私泄露

模板："我们已封存相关系统并报案处理，聘请国家级网络安全团队全面升级防护体系。受影响用户将获得终身免费健康管理服务，每日通报事件进展。"

5. 金融行业

场景：理财产品暴雷

模板："我们承诺不跑路、不甩锅！已组建顶尖法务团队追索资金，同步启动用户代表沟通会，每月 15 日公示资产处置进展，全力守护投资者权益。"

6. 汽车行业

场景：车辆安全隐患

模板："即日起开启免费检测与召回服务，提供代步车补贴。已联合第三方机构开展技术核查，7 个工作日内公示完整调查报告，开通董事长直通邮箱。"

7. 娱乐行业

场景：艺人负面舆情

模板："已暂停与该艺人一切合作，坚决支持有关部门调查。即日起开展全团队艺德培训，设立公众监督奖励基金，定期公布整改成效。"

8. 科技行业

场景：数据泄露事件

模板："我们已启动最高级别应急响应，受影响的用户将获得终身 VIP 服务及信用监控保障。即日起聘请白帽黑客团队入驻，每周发布安全加固报告。"

9. 快消品行业

场景：产品过敏投诉

模板："我们承担全部医疗费用并送检同批次产品，开通过敏用户专属客服通道。即日起升级成分标注系统，未开封产品支持全球无障碍退货。"

10. 旅游行业

场景：服务严重缩水

模板："已解约涉事供应商，向受影响旅客退还全款并补偿××% 未来旅行基金。即日起推出'行程透明可追溯'系统，邀请用户代表参与质量督查。"

在公众号"作家丁玥"回复"公关话术"，扫码获取完整版（含政务/能源/法律等敏感领域话术，23 种舆情等级应对策略）。

每个模板均附带《二次回应预案》《善后 SOP 流程图》《媒体沟通清单》配套资源。

附录 3

各平台流量参数对照表（2025 年一季度版）

2025 年主流自媒体平台流量参数对照表，聚焦核心流量指标、用户特征及优化策略，数据来源以 2024—2025 年最新行业报告和平台公开数据为依据。

短视频与直播平台

平台	核心流量参数	用户特征/趋势	优化方向建议
抖音	单日播放量破百亿次，完播率≥30%	以 18~35 岁用户为主，下沉市场渗透率高，娱乐与消费需求并存	提升视频前 3 秒吸引力；结合付费投流放大优质内容
快手	日均活跃用户超 3 亿人次，互动率（点赞+评论）8%	三、四线城市用户占比 60%，强社交属性，信任经济显著	强化真实人设；利用直播电商转化私域流量
B 站	月活用户 2.8 亿人次，用户日均停留时长 95 分钟	Z 世代（90 后、00 后）占比超 70%，二次元、知识类内容偏好	深耕垂直领域（如科技、教育）；增强 UP 主与粉丝互动

附录　AI 增效工具箱

图文与长内容平台

平台	核心流量参数	用户特征/趋势	优化方向建议
微信公众号	阅读量>5万/篇，转发率≥3%	高学历白领占比65%，深度阅读需求强，私域流量黏性高	长图文+社群运营；结合热点事件深度解读
今日头条	日均活跃用户2.4亿人次，点击率（CTR）≥5%	全年龄段覆盖，以二、三线城市用户为主，算法驱动内容分发	标题优化+多模态内容（图文+短视频）结合
小红书	笔记曝光量>10万/篇，收藏率≥15%	女性用户占比78%，美妆、母婴、家居内容主导	视觉化笔记（高清图+短文案）；KOC矩阵合作

社交与社区平台

平台	核心流量参数	用户特征/趋势	优化方向建议
微博	热搜话题参与量>500万，互动率（转发+评论）6%	以年轻用户为主，娱乐八卦、社会热点话题敏感度高	绑定热点话题+明星/KOL联动传播
知乎	问答浏览量>50万/条，赞同率≥8%	高知用户聚集，科技、职场、教育类内容需求旺盛	专业干货输出；专栏连载+Live课程转化

265

音频与新兴内容平台

平台	核心流量参数	用户特征/趋势	优化方向建议
喜马拉雅	用户日均收听时长 45 分钟，付费转化率 12%	以 30~45 岁中产用户为主，通勤、睡前场景渗透率高	系列化音频节目 + 会员专属内容
TikTok	全球月活 15 亿，完播率 ≥ 25%（国际版）	以海外年轻用户为主，娱乐化、本土化内容需求显著	本地化内容创作；挑战赛 + 品牌合作

流量参数说明与优化策略

完播率：短视频平台核心指标，反映内容吸引力（如抖音需优化前 3 秒钩子）。

互动率：社交平台（微博、快手）需强化用户参与感，如设置问答、投票等。

付费转化率：音频/知识类平台（喜马拉雅）需通过会员权益设计提升变现效率。

算法适配：今日头条、抖音依赖算法推荐，需结合"关键词标签 + 用户画像优化"内容分发。

付费投流：2025 年趋势，建议预算分配至抖音、小红书等平台放大优质内容效果。[1]

---

[1] 数据来源与更新说明：核心参数基于 2024 年第四季度至 2025 年第一季度行业报告（中研网、智研咨询）及平台公开数据；用户画像参考《2025 自媒体行业深度分析报告》及平台官方白皮书；建议每季度扫码更新工具箱，同步算法变动（如抖音推荐机制调整）。通过此表，可快速定位平台核心指标，结合 AI 工具实现内容生产、流量分发与商业变现的一体化运营。

附录 4

人机协作效率自测表

(快速定位协作短板,10 分钟完成评估)

第一步:基础能力评分表

(根据实际情况勾选,每项 1~5 分)

评分项	1 分(弱)→5 分(强)
任务拆解能力	□1 □2 □3 □4 □5

是否清晰拆分人 /AI 分工(如创意→人,数据→AI)

AI 工具使用熟练度　□1　□2　□3　□4　□5

能否快速调用 AI 完成文案生成、数据分析等任务

决策依赖度　　　　□1　□2　□3　□4　□5

关键决策是否过度依赖 AI(如选题、投放策略)

流程优化能力　　　□1　□2　□3　□4　□5

是否建立标准化协作流程(如内容生产 SOP)

反馈修正效率　　　□1　□2　□3　□4　□5

能否根据 AI 输出快速调整优化(如 1 小时内迭代)

第二步:总分评估

(总分 = 各单项相加)

20~25 分：高效协作（AI 深度集成，持续优化流程）

15~19 分：良好协作（需强化任务拆解与反馈机制）

10~14 分：待优化协作（优先提升工具熟练度）

第三步：优化行动卡

（根据短板直接执行）

若"任务拆解"≤3 分→使用 AI 工具箱的《人机分工模板》

若"工具熟练度"≤3 分→获取学习《AI 工具速查指令库》

若"反馈修正"≤3 分→启动"24 小时迭代挑战"（每日优化 1 个环节）

系统使用说明：

每月自测 1 次，记录总分变化；

扫码同步至 AI 增效工具箱，生成个性化优化报告；

紧急短板可触发"AI 教练"实时指导。

在公众号"作家丁玥"回复"人机协作"，添加了必应搜索、链接读取、豆包、deepseek 等插件和模型的"创作效率洞察精灵"智能体将根据你提供的具体的人机协作创作案例或相关数据（如任务分工、时间节点、成果质量指标等）等信息进行效率检测并生成评估报告。

附录 5

全书稿参考文献体系（2025 版）

核心学术理论引用

《AI·未来》

李开复关于"AI 创作放大器"理论框架（第 1 章 1.1 节）

中美国际竞争格局分析（第 5 章 5.5 节）

技术普惠与垄断资本主义辩证关系（第 6 章 6.5 节）

《价值》

张磊"长期主义数据观"在舆情防御体系中的应用（第 4 章 4.4 节）

LTV（用户终身价值）计算模型（第 5 章 5.4 节）

《从 0 到 1》

Peter Thiel "幂次法则"在 ROI 分析中的实战演绎（第 4 章 4.4 节）

垄断企业特征与动态护城河理论（第 6 章 6.5 节）

《居家美学》

Joanna Gaines 空间力学理论在家居博主案例的改造验证（第 6 章 6.3 节）

技术模型参数

DeepSeek 技术白皮书

树状推理算法（第 1 章 1.2 节）

KV 缓存命中率 56.3%（第 5 章 5.4 节）

多模态生成准确率 99.7%（第 6 章 6.5 节）

vLLM 框架

响应时间缩短 14%（第 3 章 3.3 节）

稀疏专家网络

Andrej Karpathy 期望对齐算法（第 5 章 5.2 节）

行业实证数据

新华社

义乌老板娘跨国经营案例（第 1 章 1.2 节）

神舟十八号发射报道结构分析（第 5 章 5.4 节）

公安部网安局

AI 谣言传播速度是真相的 6 倍（第 1 章 1.4 节）

编造艺人去世引流案（第 4 章 4.3 节）

附录　AI 增效工具箱

QuestMobile/ 新榜

短视频用户日均消费 180 分钟（第 4 章 4.2 节）

中老年用户深夜转化率提升 210%（第 6 章 6.3 节）

跨平台算法参数

抖音

互动质量权重 58%（引用《2025 短视频生态白皮书》）

LBS 推荐权重提升 300%（第 6 章 6.1 节）

B 站

二创内容原创性改造 ≥ 30%（2025 激励计划条款）

非极客用户留存率↑ 290%（第 6 章 6.4 节）

小红书

知识类笔记禁用纯文字首图（2025 商业规范 7.2 条）

收藏率 >50% 且点赞率 <5% 触发数据异常（第 6 章 6.2 节）

法律合规体系

广告法

"根治""永久"等违禁词过滤（第 5 章 5.2 节）

价格承诺类表述替换策略（第 6 章 6.5 节）

生成式 AI 服务管理

数字水印区块链存证（第 1 章 1.4 节）

虚拟人声纹克隆合规标准（第 5 章 5.4 节）

免责声明

本书所有数据均通过深度脱敏处理，原始案例素材来自新华社公开案例库及公安部备案信息，技术参数引用自 DeepSeek 官方技术文档与《互联网行业报告》公开数据，部分虚拟账号名称已通过中国版权保护中心查重认证，模拟对话场景中的用户画像数据已做模糊化处理。教育领域"学员逆袭"案例、医疗健康领域"实测有效"表述等敏感内容，均按照《互联网信息服务深度合成管理规定》第 18 条要求完成合规改造。所述技术效果可能存在 5%~8% 的工程化应用波动，具体数据以实际场景为准。

后　记

当 DeepSeek 掀起的智能浪潮席卷全球时，我在武汉，在我日夜奋战的键盘前见证了这场狂欢——纽约设计师用它生成时装手稿，肯尼亚程序员靠它调试灌溉系统，上海宝妈们甚至用它编排儿童营养餐。这场面既让人热血沸腾，又让我这个写书人直挠头：AI 进化得比书稿进度快多了！

本书的创作是一场与时间的赛跑，也是一场笨拙的探险。书中涉及的智能体训练方法、多模态优化策略，乃至自媒体生态的前沿案例，皆源自浩瀚的书堆、互联网、各媒体以及 DeepSeek 海洋中的艰难拾贝（我的电脑为此抗议性死机过 7 次）。由于水平有限，尽管反复核校，仍可能存在认知局限或援引疏漏，在此恳请学界前辈与业界同人不吝指正。

鸣谢清单

出版社老师全程护航。

我妈（带娃比写书难多了）。

我先生（家庭煮夫界的"AI 先驱"）。

所有被我"参考"过文章视频的网友（你们才是真大神）。

修订公约

本书将依托 DeepSeek 建立动态知识库，读者可通过出版社官网提交修订建议或者发现 bug 请微博 @ 我，您的每条反馈都将汇入再版时的智慧洪流。让我们共同见证：人类与 AI 的共生创作，永远在路上。

重要提醒

书里提到的所有 AI 功能，等你看到这本书时可能已经升级了——别慌，关注我的公众号，每月更新《DeepSeek 探索指南》。

2025 年 3 月写于武汉自家餐桌（没错，书房早被两岁儿子改造成游乐场了），最后谨以黄鹤楼头的月光，敬每位正在重构自我的数字游民。